だれでもできる太極拳

TAI-CHI CHUAN

楊名時

監修
日本健康太極拳協会
楊 慧

山と渓谷社

Prologue
はじめに

おおらかに楽しみ、続けましょう

「流水不腐」という言葉があります。
とどまることなく流れ続ける水は、いつまでも腐ることなく、
つねに新しいという意味です。
それは人や人生にもあてはまるもので、
楊名時太極拳が大切にしていることの一つです。
私たちは心と体を動かし続けることで、
より健康で幸せになることができます。

本書で紹介する楊名時八段錦・太極拳は
心と体に無理なく、
こだわらずに気持ちよく
体を動かすことからはじまります。
難しいことは何もありません。

「流水不争先」、流れる水は先を競うことなく、
とうとうと流れ、自ずから大海へと導かれていきます。
ゆっくり動くことが深い呼吸につながり、
全身に気血を巡らせることができます。

体力や体調に合わせて、無理なく、
おおらかに太極拳を楽しんでください。
いつのまにか、以前より健康になっている自分に
きっと気づかれることでしょう。

CONTENTS

本書 & DVDの特徴

見やすい撮影アングルでわかりやすい

BOOK DVD

著者・楊慧は最初のころ、師家・楊名時の背中側に立って太極拳の動きを学んだといいます。太極拳のお手本となる人の動きを真似て学ぶには、ベストポジションといえるでしょう。手足の動作や腰の回転などがよく見てとれる位置です。したがって本書には、太極拳の動きを背面から撮影した写真を掲載し、DVDにも同じように背面から撮影した映像を収録しています。体の向きを変える動作が含まれている場合は、横向きあるいは正面向きからスタートし、前方へと体を転じる写真や映像になっていますので、大きな動きも理解しやすいものとなっています。

教室のレッスン内容にそった構成だから実践しやすい

BOOK

楊名時太極拳の教室では、太極拳を12回に分けて学びます。1回のレッスン内容はおよそ次の通りです。

挨拶・立禅・甩手 ／ 第一段錦～第四段錦 ／ 太極拳を通して行う

▼

八段錦を１つずつ学ぶ　(LESSON1 ～8まで)

稽古要諦を２つずつ学ぶ　(LESSON1 ～12まで)

太極拳を２式ずつ学ぶ　(LESSON1 ～12まで)

▼

太極拳(部分)／八段錦(後半など)／　立禅・甩手・挨拶

太極拳の24式の動きを通して確認するときに見やすいように、本書では八段錦を一つのパートにまとめましたが、基本構成は上記にそっています。無理なく学び、実践できるように組み立てられています。

大自然を背景にした太極拳のおおらかな動きが楽しめる

本書では富士山の見える大自然の中でのロケーション撮影を敢行し、DVDにもその映像を収めています。中国では広場など屋外で太極拳が盛んに行われています。太極拳は自然の中で行うと、その奥深い魅力がいっそう強く体感できます。山に出かけて清々しい気のようなものを感じたり、水辺を歩いて心楽しくなることがあるでしょう。そのような場所で太極拳を行うと、自分が自然と一体になり、心地よい感覚が満ちてくることがあります。太極拳は動きをより正確に行うことで、より効果が高まります。が、とくにはじめのうちは、型通りに行うことに自分を押し込めずに、のびのびとおおらかに太極拳を楽しむようにしましょう。

ていねいなナレーション付きの スロー映像で覚えやすい

太極拳の動きはゆっくりしていますが、ノーマルスピードの映像に十分な解説が付けられるほどの時間的余裕はありません。そこで動作がとらえやすいスロー映像に、著者自らが解説を加えました。ていねいなナレーションが付くことによって初心者でも動きのポイントをつかみやすく、全体の流れも理解しやすくなります。

鏡を活用した映像で 正面も背面も同時に見られる

撮影時は、鏡に向かって太極拳を行い、鏡に映った姿（鏡像）と背面からの姿を同時に収めることで、手足の細やかな動きがよりとらえやすいようにしています。鏡像は、自身が鏡の前で動きを確認しながら行うときの参考にもなります。

リピート機能で何度でも くり返し動きが確認できる

太極拳の部分練習をするときに面倒なのが、リモコンを使ったDVD映像のくり返し再生…。その手間を省くために、「リピート機能」を搭載しました。簡単な操作で観たい部分の映像がくり返し再生されます。これで納得がいくまで映像を観たり、動きを真似たりすることができます。

PART 1

太極拳とは？

アメリカやヨーロッパ、そして日本でも、ますます愛好者が増えている太極拳。
健康維持の効果が高く、科学的な研究が進められていますが、
国を問わず幅広い世代に人気があるのは、
総合的な心身修養法としての魅力が大きいからでしょう。
太極拳と新たに出会うとき、どんな体験が待っているのでしょうか。
とても楽しみですね！

心と体を元気にするために

歴史

History

世界中に増えている「タイチ」愛好者

英語ではtai chi chuan（またはtaijiquanなど）、短くtai chi＝「タイチ」と呼ばれることも多い太極拳。世界中にその愛好者が増えています。

特に最近注目されているのが、太極拳がもたらす心や体への効果です。カロリー消費が減量につながる、下腿や体幹などの筋肉を鍛える、うつ病の症状や不安感をやわらげる、心臓病やアルツハイマー病などの罹患リスクを下げる、免疫力を高めるなど、現代人に求められている健康管理上の課題の大半をカバーしてくれるかのような感があります。

しかも、用具を必要とせず、安全性の極めて高い「セルフケア」として、だれでもいつでも実行できるという大きなメリットを持っています。

太極拳が生まれた中国には「未病」という言葉があります。症状がはっきり出ないうちに、自然治癒力を高めるなどして病気の発症を予防する、健康を維持するという考え方です。

高齢化社会における保健医療の問題は日本国内に限ったことではありません。今後、自分の健康は自分で守ることがますます必要になってきます。

とはいえ、「健康にいい」ということだけが太極拳人口の増加の理由ではありません。効果的なフィットネスケアとして新たな注目を集める太極拳は、誕生から４００年という歴史が育んだ深い魅力を備えています。

太極拳は大宇宙と一体となるワザ？

資料によると、明代末期から清代初期にかけて、中国河南省温県陳家溝に生まれた陳氏9世・陳王廷（１６００～１６８０頃）が、陳一族に伝わる拳法をもとに「陳家太極拳」を創出したとされています。

清代末期には陳氏14世・陳長興について修行した楊露禅（１７９９～１８７２）が北京に赴いてこれを広め、「楊家太極拳」の基礎が築かれました。王宗岳が著した武術理論書『太極拳論』を重視したため、「太極拳」の名称が確定されたといいます。

その後、武家、呉家、孫家を加えた主流五派を通じて太極拳は中国全域に広まっていき、１９５６年には中国政府が簡化太極拳（24式太極拳）を制定。楊式太極拳をもとに主要な動きを24式にまとめたもので、未経験者でもはじめやすく、現在では広く世界に普及しています。

「太極」とは『易経』にある言葉です。太極は気（万物を構成する元素）の原初の形であり、大宇宙の源となるもの。形も動きもない無限のカオスで、陰陽の二元もここから生じます。

「拳」は技、術の意。ですから太極拳は、宇宙の一部としての人間（小宇宙）が大宇宙と調和し、一体となるための技、術といえるでしょう。具体的には体をゆったりと動かしながら、心（意識）・息（呼吸）・動（動作）を調え、一つにしていくものです。

心・息・動を調え、気を巡らせる

太極拳の基本は、心・息・動を調え、一つにすることにあります。

調心…日常の思いから離れて、意識や感覚を（太極拳の動作に）集中させること。

調息…呼吸は（動作を意識して）自然によどみなく行うようにコントロールすること。

調身…姿勢を正しく保ちながら、ゆっくり（ムラがないように）とどまることなく正確に動くこと。

「頭を空っぽにして」「無念無想」の状態で太極拳を行う、と表現されることがありますが、これは「何も考えずに」「何も感じずに」ということではありません。雑念や感情の高ぶりなどをいったん意識の外におくことで、太極拳の動作に意識や感覚を集中させやすい状態にもっていくということです。

また、習熟すると意識することなく太極拳の動作が行えるのではないかと思いがちですが、そのようなことはありませんし、「調心」の基本から外れてしまうことになります。

心から雑念を払うのは難しい？

「雑念を払う」と言葉でいうのは簡単ですが、実際は難しいですよね？　ですから太極拳では、呼吸や体の動きに集中することで心を落ちつけていくようにするのです。

まず、姿勢を正します。体の軸をまっすぐにして、重心をかかと寄りにし、ひざをゆるめ、余分な力を抜いて、丹田（54ページ）を意識します。日常の浅く詰まった呼吸から深くゆったりとした呼吸へと調えていきます。（まだ気がかりなことがあれこれ浮かんでくるとしても）準備ができたところで動き始め、動作に意識や感覚を集中させていくことで、24式を一通り終えるころには、気持ちが静まっている自分を見出すことが多いでしょう。重心移動や曲線的な動作が連続する太極拳を正確に行うには、全意識を働かせ感覚を鋭敏にして、受け止めた情報を動きにフィードバックさせながら調整していく必要があり、それによって雑念が遠のけられます。

呼吸で気が体内を巡り健康に

呼吸法は、中国では古代から自分で行う健康法、長生きの秘法と考えらえ、実践されてきました。

前漢時代の「導引図」には養生法としての屈伸運動や摩擦、呼吸のしかたなどが示されています。体内の古い気を吐き、体外の新しい気を取り入れる吐納法(呼吸法)なども行われてきました。

気は万物の構成元素であり、生命の根源でもあります。気が天を巡り、体内を循環し、滞りなく流れているとき、人は健康でいられます。

太極拳に習熟すると、深く長い腹式呼吸が可能となるのは、これらの伝統的な呼吸法に由来するものです。

ただし、はじめのうちは無理に動きに呼吸を合わせたり、長い呼吸を心がけたりせずに、自然に行うことを心がけましょう。

太極拳の呼吸は、鼻から吸い、鼻から吐くのが原則です。十分に吐けば自然に空気が入ってくるため、吐く息は特に大切で、吸う息よりも長めにします。

太極拳の呼吸はさらにスゴイ！

太極拳の呼吸は、体内の気のスムーズな循環にとって大切なものですが、現代的な意味でもさまざまな効果が認められるものです。

太極拳のゆったりした動きとともに行う呼吸は、自律神経の働きを整える作用を持ちます。体幹のひねりをともなう腹式呼吸は内臓へのマッサージ効果をもたらし、その働きを活性化します。また血液やリンパの流れを促し、新陳代謝を促進する効果があります。健康維持やエイジングケアの基礎となる「呼吸力」そのものを高める効果も見逃せません。

太極拳の〝秘訣集〟ともいえる「稽古要諦」の「呼吸自然」(１１５ページ)をつねに心において稽古をしていきましょう。

特徴
Feature

ゆっくり、とどまることなく動く

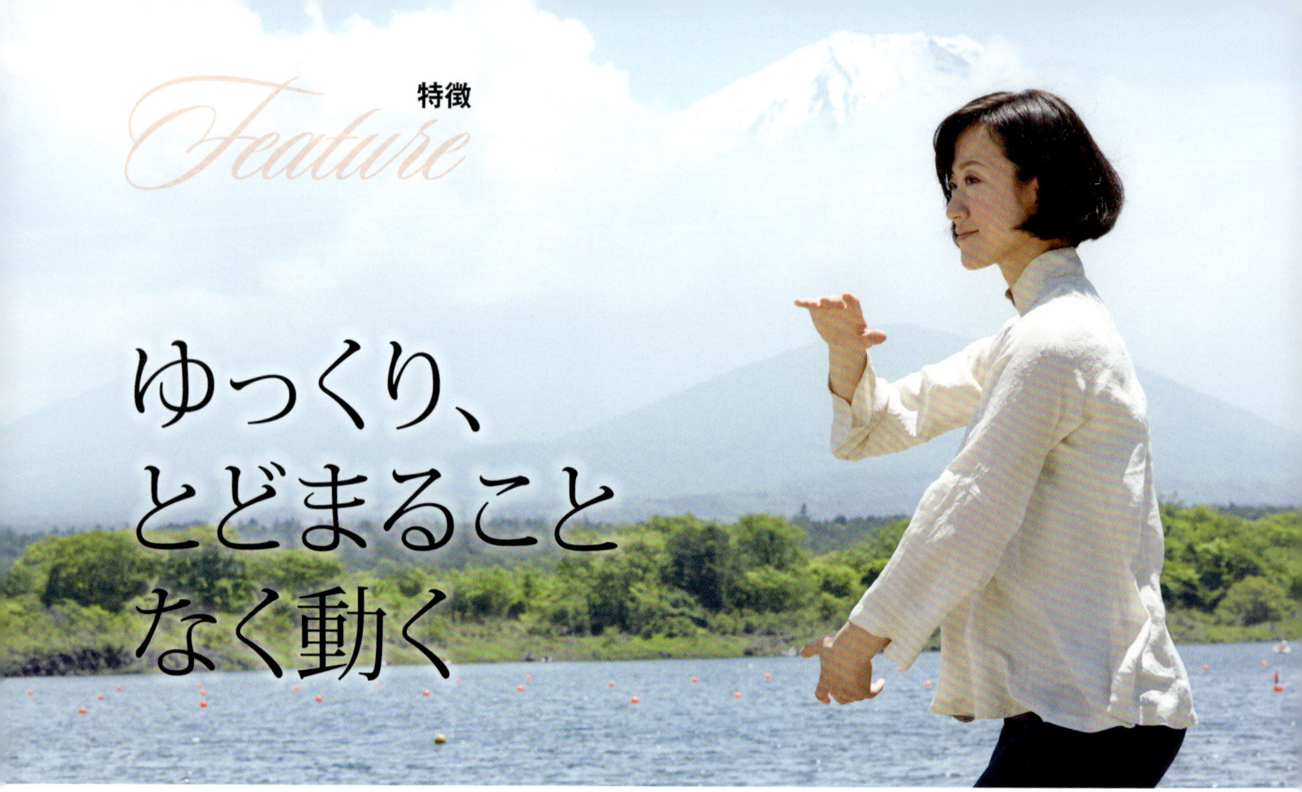

動作を意識的に行うことで効果が得られる

繰り返しになりますが、動作を調えるときに最も大切なことは、動きに意識を集中して、体の感覚を鋭敏にとらえ、動きを調整しながら行っていくということです。

その意味では、稽古をはじめたばかりの人であっても、太極拳がもたらす効果を十分に得ることができます。

調整のポイントは、楊名時太極拳では24の言葉からなる『稽古要諦』にまとめられ、12回1クールの稽古で2つずつ学んでいく方法がとられています。

本書ではその形式を踏まえ、ＰＡＲＴ４で12のレッスンに分けて紹介しています。稽古要諦の内容を最初から実践するのは難しいですから、まずはＤＶＤの映像を観ながら行い、ナレーションや本書の写真解説、稽古要諦で動作の流れやポイントを確認するといいでしょう。

太極拳の動作が複雑であるぶん、自分の動きは客観的にとらえにくいものです。鏡に映しながら行ったり、ビデオ撮影して調整すべき部分を見つけるのもいい方法です。習熟度を早めることができます。

動作と呼吸が合うとよりスムーズに

もちろん、意識を集中して動くとともに、呼吸をコントロールすることも大切です。

呼吸は自然に行うのがいいのですが、左ページのような呼吸と動作の大原則を理解しておくと、よりスムーズに動けるようになります。

原則として手を上げるときに吸い、下げるときに吐きます。手を体に寄せるときに吸い、離すときに吐きます。体を伸ばすときに吸い、屈めるときに吐きます。

八段錦（ＰＡＲＴ３）は原則通りに呼吸しやすいのですが、太極拳は連続した動作をバランスをとりながら行っていくため、はじめは難しく感じます。稽古を積むにしたがって呼吸と動きが連動しやすくなります。

腕を上げるときは吸い、
下ろすときは吐きます

手を体に寄せるときは吸い、
体から離すときは吐きます

体を伸ばすときは吸い、
屈めるときは吐きます

病気にかかりにくい体になる

生活習慣病にかからないために

すでに述べたように、太極拳は心と体にいい影響をもたらします。まず第一に、太極拳が適度な運動になるということです。太極拳の動きはとてもゆっくりしているため、「あまり運動にならないのでは?」と疑問に思うかもしれません。でも実際は、下肢や体幹の筋肉に適度な負荷のかかる「運動」なのです。

太極拳では、はじめから終わりまでほぼ中腰の状態を保ち、左右の足の間で重心移動をくり返し、片足で体を支えることもしばしばです。また絶えず腰をひねり、骨盤を柔軟に動かすことを要求する動作も含んでいます。しかも勢いをつけずにゆっくりと動くため、特に下肢や体幹の筋肉をしっかり使うことになります。

厚生労働省のホームページ*では、太極拳が速歩やゴルフ、卓球、バドミントン、アクアビクスなどと同程度の運動に分類されています。厚労省は脳血管疾患や心臓病、糖尿病などの生活習慣病の予防として、これらの運動を1回15分、週に4回行うことを勧めています。

転倒や骨粗鬆症を予防し、人生を楽しく

高齢者では転倒から寝たきりになり、認知症を発症する人も少なくないことが社会的問題となっています。太極拳は筋力やバランス機能、反射神経の働きを維持し高める効果がありますから、転倒を予防し、生活の質(Quality of Life)を高めます。

また、太極拳が骨粗鬆症を予防することは、比較的早くから注目されていました。太極拳を行うと、下肢の骨にスクワットを行うときのような負荷がかかります。骨に垂直方向の負荷がかかると骨内の血流が増し、骨芽細胞が刺激されることにより、骨密度の減少が抑えられると考えられています。

さらに「国民病」ともいわれる肩こりや腰痛を和らげる効果も期待できます。太極拳には肩周りの筋肉をゆるめて血行をよくしたり、腰痛の原因にもなるそり腰を防ぐ動きが含まれています。

*厚生労働省「健康のための運動指針2006 生活習慣病予防のために〈エクササイズガイド2006〉」

免疫力を高めてカゼやがんを予防する

病気を予防するためには、免疫力を高めておくことが大切です。手軽に行える免疫力アップの方法として、ウォーキングが有効ということを聞いたことがあるでしょう。20分から1時間程度歩くだけでNK細胞（ナチュラルキラー細胞）が活性化されるといいます。NK細胞はカゼやがんなどの原因となる感染細胞や腫瘍細胞を攻撃します。

息が切れずに一定時間持続できて、毎日でもできるような運動習慣を持つことは、免疫力を高く保つうえで大切です。太極拳はまさにそのような運動であり、下肢や体幹の筋力強化などオマケもいろいろついてくるお得な運動ともいえるでしょう。

ある研究データでは、太極拳を行っている人がそうでない人の倍程度の免疫力を示す結果が出ており、ワクチンの有効性を高める可能性もあるということです。

コラーゲンを活性化してキレイに

美容の面でも太極拳の効果が期待できます。たとえば、コラーゲン。コラーゲンといえば、「お肌をプリプリにしてくれるもの」というイメージがありますが、皮膚だけでなく、骨や関節の軟骨、内臓、血管などにも含まれ、弾力を維持して体の若々しさを保つ働きをしています。また、細胞外の空間を満たす「細胞外マトリックス」にもコラーゲンは多く含まれ、細胞増殖のシグナルを与える働きも担っています。

コラーゲンの総量のピークは30代。以降、コラーゲンが減るにしたがい、肌ばかりか体全体が老化していきます。

コラーゲンは運動によって合成能力が高まることが知られています。太極拳の動きは腰や足の骨に適度な負荷を連続的に与え、骨を構成するコラーゲンを刺激し活性化させます。

また、太極拳の動きで細胞外マトリックスが伸縮すると、周囲の細胞に増殖のシグナルを与えて活性化させます。太極拳をしている人が若々しい理由の一つがここにあります。

Column 1

呼吸と太極拳

呼吸器に疾患のある方や高齢者でも、太極拳で無理なく深い呼吸ができるのはなぜ？
自らも太極拳を実践する呼吸器の専門医が、その動作に秘められたサイエンスを解く！

木村 弘（きむら・ひろし）
奈良県立医科大学教授
日本呼吸器学会筆頭常務理事
日本呼吸器学会会長（2015年）

呼吸器系の病気で最もよくみられる症状は〝息切れ〟です。徐々に息切れを引き起こすような病気には心不全、貧血、喫煙者に多いCOPD（慢性閉塞性肺疾患）、間質性肺炎などがあります。COPDは「21世紀の肺の生活習慣病」ともいわれ、患者数の増加が懸念されています。

息切れの主な原因は、肺がうまく動かずに酸素が不足することです。肺胞（気管支の先端の小さな嚢）は収縮する力を持ちますが、COPDで胞肺が破壊されると、肺が膨張します。胞肺が収縮する力で外向きに引っ張られていた気管支は狭まります。運動時は息を十分に吐ききれず、一方呼吸が速くなるので肺がどんどん膨らんでしまいます。そのために十分に吸えなくなります。

呼吸困難の症状が出ると出不精になりがちで身体機能が低下します。社会的孤立が抑うつを招き、症状悪化につながります。呼吸が体の問題と心の問題をつなげているともいえるでしょう。

身体機能を保つためには、運動が欠かせませんが、運動で血液中の炎症関連物質IL-6が増加することが知られています。持続的に運動を行うことで順応反応がおこりIL-6の余計な分泌は徐々に低下しますから、生活習慣に組み込んだ、無理なく持続できる運動への取り組みが大切です。太極拳はこれに合致しますが、話はここで終わりではありません。

息切れのある患者さんやお年寄りの方々では、首や肩、胸、背中の筋が緊張した結果、それらの骨格筋は補助呼吸筋として働きます。骨格筋は筋紡錘というセンサーをもった筋（錘内筋）と通常の骨格筋（錘外筋）とからなります。筋がリラックスしたとき（緩んで伸びた状態）には筋紡錘から適度なインパルスが脊髄に送られていますが、筋が緊張したとき（固く縮んだ状態）にはインパルスが出ていません。息切れを軽くするには、息を吸う筋（吸気筋）でこのインパルスが出ているときに息を吸うことで、また呼気筋にインパルスが出ているときに息を吐くことで、呼吸が楽になり脳に清々しさをもたらすことがわかっています。つまり筋から発するインパルスのタイミングとその筋を収縮させるタイミングが大切なのです。

実は太極拳ではこの動作をあたかも自然なことのように行っています。八段錦の第一段錦では、両手を前上方に上げながら深く息を吸います。このとき、補助呼吸筋である広背筋はリラックスし引き伸ばされインパルスが出ているのです。そしてこのときに深く息を吸っているのです。その結果が脳に清々しさをもたらします。単なる腕の上げ下げ運動と第一段錦とでは、運動の意味が大きく異なることが理解できるでしょう。長く育まれてきた太極拳には、このような動作の中に神秘的とも言えるサイエンスが秘められているように思います。

PART 2 太極拳の基本

太極拳の動きはとてもユニーク。
私たちが日ごろ親しんでいるスポーツの動きや日常的な動作とはかなり異なる体の使い方をします。
最初はうまくできないかもしれませんが、気にする必要はありません。
動きのポイントが押さえられれば、たとえ動きがぎこちなくても、
効果はきちんと得られます。
立ち方や足の運びなど、基本の動作を先に練習しておきましょう。

太極拳の基本

立ち方・手の形・足の形

太極拳の動きの基本となる立ち方や、手、足の形を写真で確認しておきましょう。
実際に太極拳を行うときは、基本の形になるように意識を働かせて、ていねいに行いましょう。

立ち方

両足を肩幅に開いた立ち方を「自然立ち」といいます。体の軸をまっすぐに保つことが大切です。

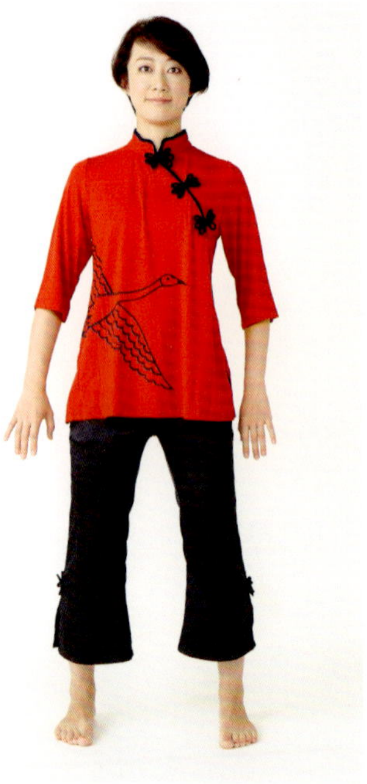

自然《しぜん》立ち

頭・背筋をまっすぐにし、肩・ひじの力を抜いて両手を体のわきに垂らし、股関節やひざをゆるめます。

足を閉じて立つ

挨拶するときや、太極拳をはじめるとき、終えるときには両足を閉じて立ちます。

手の形

基本は「掌」の形です。手のひら、指先にまで意識をいきわたらせながら、太極拳を行いましょう。気の巡りもよくなります。

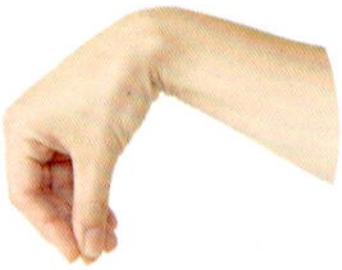

鉤手《ゴウショウ》

手首から先を自然に垂らし、何かを指先でつまみ上げるような形。

拳《チュエン》

こぶしを握った形。親指を外側にして拳眼（穴）ができるように軽く握りましょう。

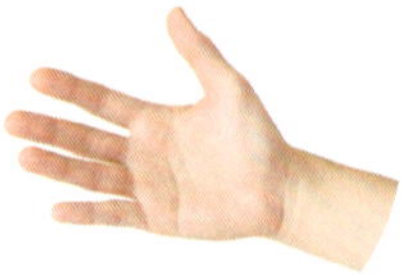

掌《ジャン》

ふんわりと開いた形。4指の付け根のふくらみから開くように意識してみましょう。

足の形

太極拳の動きのなかで特徴的な5つの足の形を紹介します。これらは動作のなかで身につけていけばいいものですが、背筋はつねにまっすぐ、重心がどちらかの足により大きくかかる(馬歩を除く)、ひざにゆるみがあることなどを理解しておくといいでしょう。

独立歩《ドゥリブー》

片方のひざを曲げて上げ、もう一方のひざをゆるめて重心をかけた、片足立ちの形。上げた足のつま先は下に向きます。

虚歩《シェイブー》

後ろの足のひざを軽くゆるめて重心をかけ、前に出した足のつま先、またはかかとを軽く床につけた形。

弓歩《ゴンブー》

前に踏み出した足のひざを軽く曲げて重心をかけ、後ろの足を伸ばして、両足の裏を床につけた形。

仆歩《ブーブー》

片方のひざを深く曲げて腰を落とし、もう一方の足を伸ばした形。曲げた足のかかとと伸ばした足のつま先が一直線上にある。

馬歩《マーブー》

両足を肩幅の倍くらいに開き、ひざを曲げて腰を落とし、重心は中央においた形。いわゆる騎馬立ちです。

太極拳の基本

歩き方

太極拳の動きの中には前に進む、後ろに下がる、横に歩く動作が含まれます。日常の歩き方とは大きく異なりますから、練習しておきましょう。

前に進む

1

背筋を伸ばし、まっすぐに立ちます。

2

両ひざをゆるめます。

3

ひざを上げるとき、かかとが先に床から離れます。

5

ひざを軽く曲げて後ろの足のかかとをつけ、前の足をかかとから上げます。

6

前の足を後ろの足に引き寄せていきます。

7

両足のつま先がそろったら、かかとを下ろします。

5

横に出した足に重心をのせていき、もう一方のかかとを上げます。

6

上がった（虚になった）足を重心をのせた（実になった）足に引き寄せます。

7

両足をそろえて立ちます。

4 かかとから踏み出します。

5 前に出した足の膝を軽く曲げて重心を移します。

6 後ろの足のかかとを上げ、つま先を前の足に寄せます。

7 両足のつま先がそろったら、かかとを下ろします。

後ろに下がる

1 背筋を伸ばし、まっすぐに立ちます。

2 両ひざをゆるめます。

3 後ろに伸ばす方の足をかかとから上げます。

4 斜め後ろにつま先をつけます。

横に歩く

1 背筋を伸ばし、まっすぐに立ちます。

2 両ひざをゆるめます。

3 横に出す足のかかとを上げます。

4 斜め横につま先から下ろします。

挨拶

太極拳の稽古では「你好（こんにちは）」という挨拶からはじめます。また稽古を終えるときには「謝謝（ありがとう）」「再見（さようなら）」と挨拶します。

1

足を閉じて立つ

両足を閉じて立ちます。背筋を伸ばし、肩とひじの力を抜き、両手を自然に垂らします。

2

上体を前屈する

軽く拳を握り、無理のないところまで上体をゆっくり倒します。

3

上体を起こす

拳を握ったまま、上体をゆっくり起こします。

4

もとの姿勢に戻る

上体が戻ったら動きを止め、もとの姿勢に戻ります。

你好《ニイハオ》 *ni hao*

「こんにちは」の意。お互いの健康と幸福を願いながら、太極拳の稽古をはじめましょうという気持ちで挨拶しましょう。

謝謝《シエシエ》 *xie xie*

「ありがとう」の意。仲間とともに太極拳を行うことができたことへの感謝を込めましょう。

再見《ツァイジエン》 *zai jian*

「さようなら」の意。またお会いして稽古ができるようにという願いを込めましょう。

太極拳の基本

立禅

立禅とは、立って行う禅のことです。太極拳の動作にスムーズに入っていけるように心と体を静めます。また、稽古の終わりにも行います。

1

足を閉じて立つ

両足をそろえて背筋を伸ばして立ちます。

2

左足を開く

右足に重心を移しながら、左足を肩幅に開き、つま先から下ろします。

3

自然立ちになる

両足に均等に重心をかけ、体の軸をまっすぐにして立ちます。

4

深い呼吸をする

深く、長く、ゆったりと、腹式呼吸を行います。

4では次のことに留意しましょう。

- ●あごを軽く引いて頭頂を天に向け、肩とひじの力を抜き、ひざをゆるめ、重心はややかかと寄りにして、体の軸をまっすぐに保ちます。
- ●目は半眼か、軽く閉じましょう。
- ●呼吸は無理のない範囲で次第に深く長くしていき、吐く息の方により時間をかけます。立禅を終えるときは、徐々にふだんの呼吸に戻していき、ゆっくり目を開けましょう。

太極拳の基本

甩手《スワイショウ》

両手を左右に投げ出すように大きく振る運動です。立禅の後に行い、体をリラックスさせます。稽古の終わりにも、立禅とともに行います。

1

足を開いて立つ（自然立ち）

左足を肩幅に開いて立ちます。肩とひじの力を抜き、両腕を自然に垂らし、両ひざをゆるめます。

2

両腕を左右に開く

両腕をゆっくり左右に開きます。肩、ひじ、手首の力をできるだけ抜きましょう。

3

両腕を左へ回す

腰から回していくような意識で両腕を左に回します。腕には力を入れず、ポイと投げる感覚です。

4

両腕を体に当てる

両腕が巻きつくような感覚で体にポンと当てます。

5

両腕を右へ回す

こんどは両腕を正面から右へ回していきます。

6

両腕を体に当てる

両腕が右に回りきったところで体にポンと当てます。

7

もとの姿勢に戻る

終えるときは徐々に腕の振りを小さくして動きを止め、左足を寄せて最初の姿勢に戻ります。

Column 2

‘楊名時太極拳’

「楊名時太極拳」には「健康・友好・平和」の願いが込められています。
日本の文化や武道とも融合した万人のための健康法で半世紀を超えて愛好されています。

師家・楊名時

師家・楊名時は1924年、宋の建国に関わった楊業を始祖とする楊家に属する旧家（山西省五台県）に生まれ、幼少時よりさまざまな中国武術を伝授されました。

1943年、国際政治を学ぶために官費留学生として来日。京都大学を卒業しますが、日中関係や中国大陸の情勢の変化により帰国がかなわず、中国語の講師として活躍しはじめます。

日本では柔道や合気道を学び、また空手の中山正敏師範に学ぶ機会を得て日本武道館で太極拳を披露、楊名時が太極拳の道を歩む大きなきっかけとなりました。

「楊名時太極拳」は、楊名時が日本の武道とも融合させた、独自の指導法に貫かれた太極拳です。楊名時はまた、禅宗の教えや茶道、能楽などの日本文化への造詣も深く、自身の太極拳の演舞や指導の言葉にその精神がいかされています。

中国古来の武術である太極拳は、現代では医療体術として愛好されています。相手を倒すための筋骨や技を鍛錬するのではなく、呼吸法に基づいて内面の「気」を養い、心身の健康を保持することを主な目的としています。楊名時は自らが太極拳を実践し指導するにあたり、心身の「健康」にとどまらず、仲間との「友好」と世界の「平和」を願い、楊名時太極拳は日本に根付いて半世紀を迎えました。

楊名時太極拳は、太極拳と八段錦という健康体操を柱に心と体を健やかに保ち、充実した人生を長く歩むための健康法です。心・息・動の調和をめざすゆっくりした動きは疲労感が生じにくく、生涯続けることのできる、すべての人のための運動です。

楊名時（よう めいじ）

Yang Ming-Shi｜1924～2005

中国山西省五台県古城村生まれ。京都大学法学部卒業後、東京中華学校校長を経て、大東文化大学名誉教授。楊名時八段錦・太極拳師家、日本健康太極拳協会最高顧問。日本空手協会師範、空手7段。

PART 3

八段錦

八段錦は、現代的にいうなら〝八つの健康体操〟。
一つ一つが独立した八つの簡単な体操で構成されています。
「胃腸を整える」、「気力を増す」など、それぞれに目的（効果）があるので、
時に応じて選び、実行できる手軽さがあります。
もちろん、八つを通して行ってもＯＫ。高い健康増進効果が得られます。
24式太極拳をはじめる前の準備体操として行うのもおすすめです。

八段錦について

◎八段錦とは？

「八段錦」は太極拳と同じように健康で長生きをするための養生法として用いられてきた運動です。「錦」は鮮やかで豪華な織物のことをいいますが、美しいもの、立派なもののたとえにも用いられます。では、八段錦の錦とは？　健康な心と体という、人にとって最も大切なものが錦になぞらえられているといいます。

八段錦は８種類の運動からできています。７つの漢字からなる各名称は動作と効果を表し、胃腸の調子を整える、腰や腎臓を丈夫にする、百の病を治すなど、その治療効果が謳われています。

◎特徴・効果

八段錦は深く長い呼吸をしながら、筋肉をのびのびと伸展させることで血流をよくし、体中に気を巡らせ、生命エネルギーを高めて体の調子を整えようとするものです。比較的シンプルな八段錦の動作をわずか２、３分行うだけで、経絡が刺激され、指圧マッサージのような効果が得られる、すばらしい健康運動といえるでしょう。

◎行い方

八段錦は必ずしも８種類全てを行う必要はありません。それぞれ独立した運動になっています。むしろ、「仕事で少し疲れた」「気分転換がしたい」「元気を出したい」などというときに、どれか一つを選んで行う方が日常生活に取り入れやすいでしょう。

椅子に座って行うこともできます。背筋を伸ばし、深くゆっくりした呼吸を意識しながら、のびのびと動いてみましょう。オフィスでのリフレッシュにもおすすめです。

足腰を鍛える運動などは、少しずつ長く続けることで体の若々しさをキープする効果の高いものです。美容効果も期待できます。

名称の意味

名称の意味をわかりやすく簡潔に示しています。

吸う・吐く

八段錦は深くゆっくりと呼吸しながら行います。とくに呼吸と動作を連動させたい部分に「吸う」「吐く」のマークをつけました。苦しく感じる場合は、自分なりに息を継いで動作を続けましょう。

はじめの姿勢

どの運動も両足をそろえて立つ姿勢からスタートします。

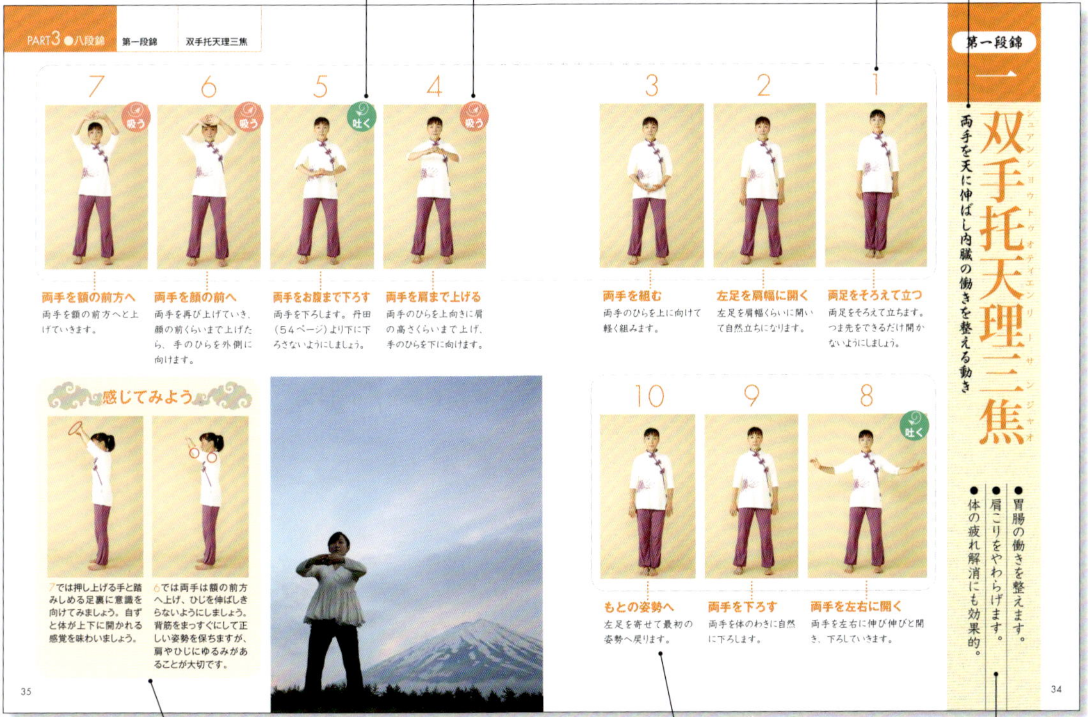

感じてみよう

体に生じる感覚に意識を向けながら動くことで、気血の巡りがいっそうよくなります。横向きの写真はその上の正面向きの写真と対応していますので、あわせて見ることで動作がより理解しやすくなるでしょう。

終わりの姿勢

はじめと同じように、どの運動も両足をそろえて立つ姿勢で終わります。

効果

主な効果を挙げています。効果はこれらに限るものではありませんから、実際に行ってみて、気持ちよく感じる運動、好きな運動を見つけるようにするといいでしょう。

第一段錦

一

双《シュアン》手《ショウ》托《トゥオ》天《ティエン》理《リー》三《サン》焦《ジャオ》

両手を天に伸ばし内臓の働きを整える動き

- 胃腸の働きを整えます。
- 肩こりをやわらげます。
- 体の疲れ解消にも効果的。

1

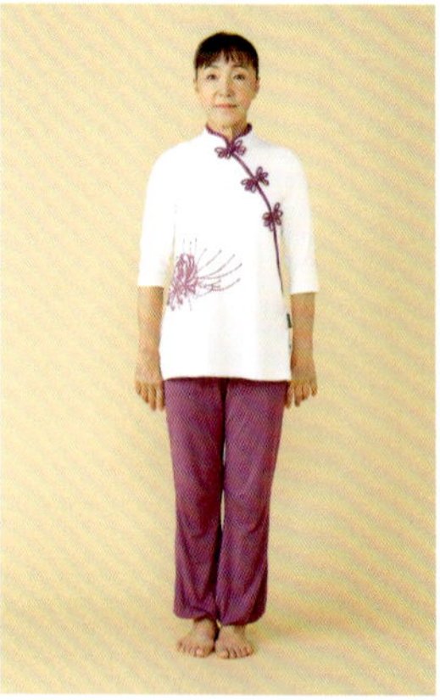

両足をそろえて立つ

両足をそろえて立ちます。つま先をできるだけ開かないようにしましょう。

2

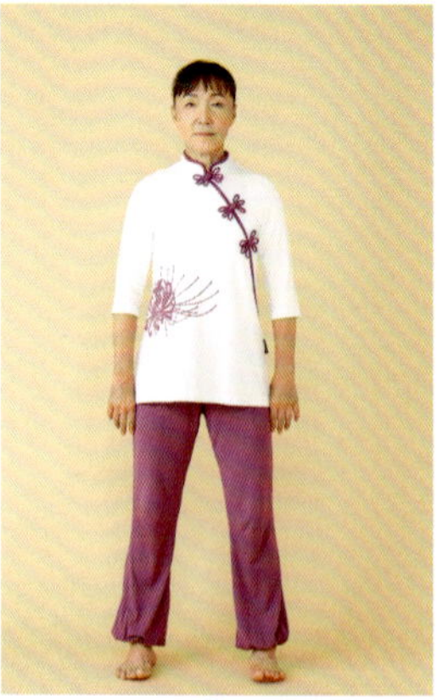

左足を肩幅に開く

左足を肩幅くらいに開いて自然立ちになります。

3

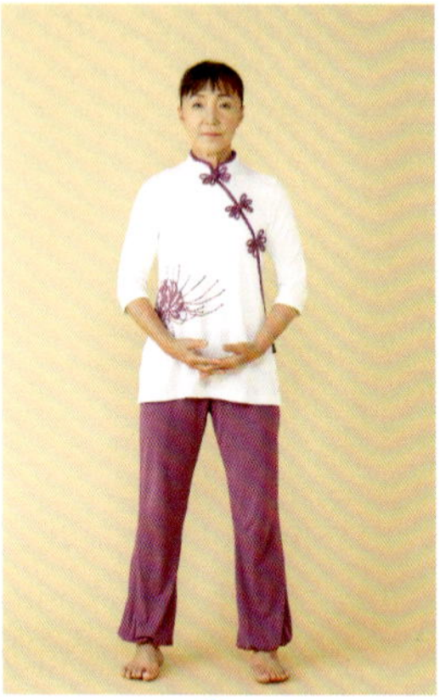

両手を組む

両手のひらを上に向けて軽く組みます。

8

両手を左右に開く

両手を左右に伸び伸びと開き、下ろしていきます。

9

両手を下ろす

両手を体のわきに自然に下ろします。

10

もとの姿勢へ

左足を寄せて最初の姿勢へ戻ります。

4

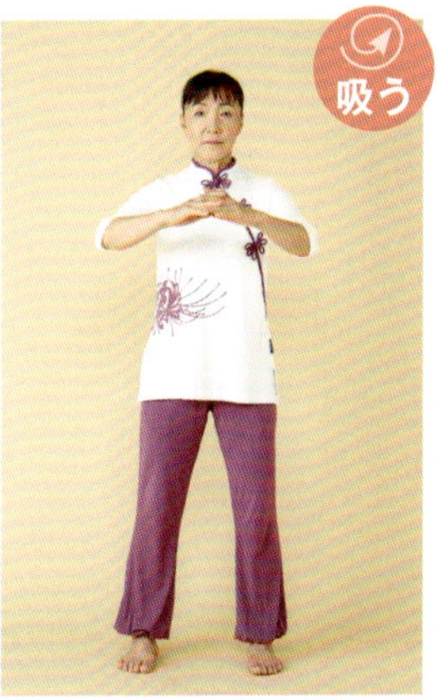

両手を肩まで上げる

両手のひらを上向きに肩の高さくらいまで上げ、手のひらを下に向けます。

5

両手をお腹まで下ろす

両手を下ろします。丹田（５４ページ）より下に下ろさないようにしましょう。

6

両手を額の前へ

両手を再び上げていき、顔の前くらいまで上げたら、手のひらを外側に向けます。

7

両手を額の前方へ

両手を額の前方へと上げていきます。

感じてみよう

7では押し上げる手と踏みしめる足裏に意識を向けてみましょう。自ずと体が上下に開かれる感覚を味わいましょう。

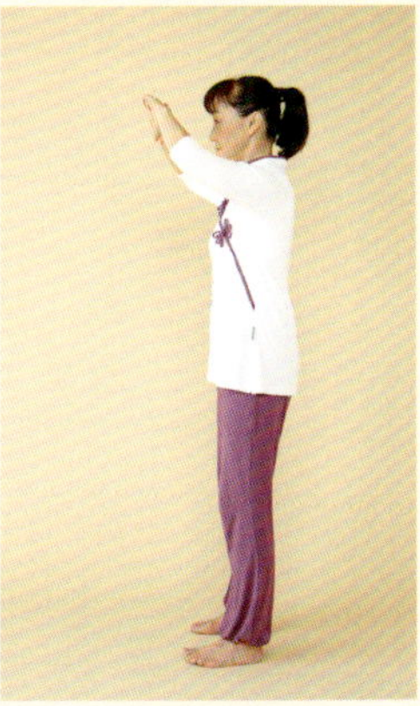

6では両手は額の前方へ上げ、ひじを伸ばしきらないようにしましょう。背筋をまっすぐにして正しい姿勢を保ちますが、肩やひじにゆるみがあることが大切です。

第二段錦

二 左右《ズオヨウ》開弓《カイゴン》似射雕《シーシャディアオ》

鷹を弓で射るように胸を左右に開く動き

- 心肺機能を高めます。
- 足腰を鍛えます。
- 疲れにくい体にします。

1

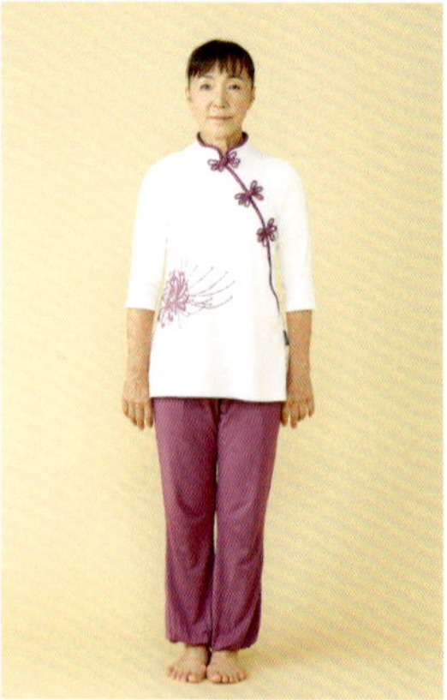

両足をそろえて立つ

両足をそろえて立ちます。つま先をできるだけ開かないようにしましょう。

2

足を大きく開く

自然立ちからさらに左足を大きく開きます。足先をやや外側に向けてもいいでしょう。

3

両手を上げる

手のひらを下に向け、肩の高さまで上げていきます。ひじは少しゆるめておきます。

8

両手を戻す

左手を正面に戻し、胸の前で両拳を軽く握ります。同時に腰も少し上げていきます。

9

両手を下ろす

拳をほどいて両手を下ろしながら、腰も無理のない程度に下ろしていきます。

10

右手でV字をつくる

拳を握りながら引き上げて拳を立て、同時に腰も少し上げていき、右手でV字をつくります。

4

両手を下ろす

両手を下ろしながら、腰も無理のない程度に落としていきます。

5

拳を握りながら上げる

両手を軽く握りながら引き上げ、拳を立てます。同時に腰も少し上げていきます。

6

左手でV字をつくる

左手の人差し指と中指でV字をつくります。

7

胸を開く

弓を引くように胸を開いていき、腰を無理のない程度に落としていきます。

11

胸を開く

弓を引くように胸を開いていき、腰を無理のない程度に落としていきます。V字の間から遠くを見ます。

12

もとの姿勢へ

右手を正面に戻して拳をほどきながら腰とともに下ろし、さらに腰を上げます。左足を肩幅に寄せてからもとの姿勢へ。

感じてみよう

7や11では体の内側を広々と開くイメージで胸を開いてみましょう。同時に背中をゆったりとさせるように意識しましょう。

4～11では背筋を伸ばしつつ、尾骨を下に向けて腰の丸みを保つ感覚で腰を落としてみましょう。尾骨を傾けてお尻を突き出した形にならないようにしましょう。

第三段錦

三 調《テイアオ》理《リー》脾《ピー》胃《ウエイ》須《シュ》単《ダン》挙《ジュイ》

片手を挙げて脾臓と胃を丈夫にする動き

- 免疫力を高めます。
- 胃腸の働きをよくします。
- イライラや不安を鎮めます。

1

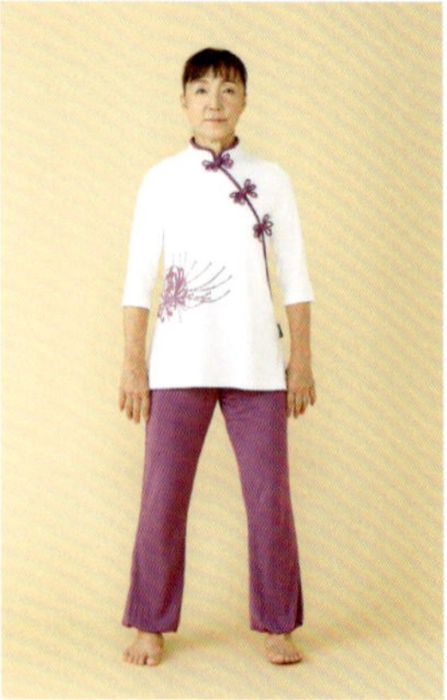

左足を肩幅に開く

両足をそろえて立ち、左足を肩幅に開いて自然立ちになります。

2

両手を上げていく

手のひらを上に向けて上げていきます。

3

両手を肩の高さへ

手のひらを上に向けたまま、両手を肩の高さまで上げます。

8

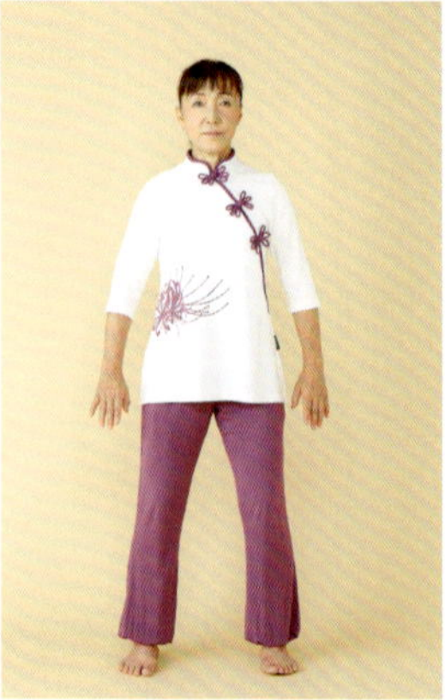

両手を腰のわきへ

両手を腰のわきへ下ろします。

9

両手を上げる

再び手のひらを上に向けて肩の高さまで上げていきます。

10

両手を下げる

肩の高さまで両手を上げたら手のひらを返し、みぞおちのあたりまで下ろしていきます。

4

両手を下げる

肩の高さまで両手を上げたら手のひらを返し、みぞおちのあたりまで下ろしていきます。

5

左手を上げる

左手を上へ、右手を下へ下ろしていきます。

6

左手を頭上へ

左手を頭上まで押し上げます。右手は手のひらを下に向け、指先は前方に向けます。

7

左手を下ろす

弧を描くように左手を下ろしていきます。左右前後のバランスを保ちながらゆっくり行いましょう。

11

右手を上げ、下ろす

右手を頭上まで押し上げ、左手は下ろして手のひらを下向きに。弧を描くように右手を下ろしていきます。

12

もとの姿勢へ

両手を腰のわきへ下ろし、左足を寄せて最初の姿勢に戻ります。

感じてみよう

7と11では上げた手を斜めに引くように伸ばし下ろしながら、体の上下左右のバランスをとり、ふだん動かすことのできない体の内側を意識しましょう。

6と11では上げた手を天に、下げた手を地に向け、足裏をしっかり床につけて体幹部をまっすぐにし、体の奥に意識を通すイメージを持って行ってみましょう。

第四段錦

四

五《ウー》労《ラオ》七《チー》傷《シャン》往《ワン》后《ホウ》瞧《チアオ》

後ろを見て内臓の疲れや活力不足を改善する動き

- 血液の循環をよくします。
- 精力減退を改善します。
- 心が落ち着くので就寝前にも。

1

両足をそろえて立つ

両足をそろえて立ちます。つま先をできるだけ開かないようにしましょう。

2

両手を上げる

左足を肩幅に開いて自然立ちになり、両手のひらを上に向けて肩の高さまで上げていきます。

3

両手のひらを返す

肩の高さまで両手を上げたら、手のひらを返して下に向けます。

8

両手を下ろす

両手を腰の脇に下ろしながら、徐々に顔を右に向けて目線を右後方へ移動させ、左足裏を意識します。

9

両手を上げる

顔と目線を正面に戻しながら、両手のひらを上に向けて肩の高さまで上げていきます。

10

もとの姿勢へ

肩の高さで両手のひらを返し、腰のわきへ下ろしていきます。左足を寄せて最初の姿勢に戻ります。

4

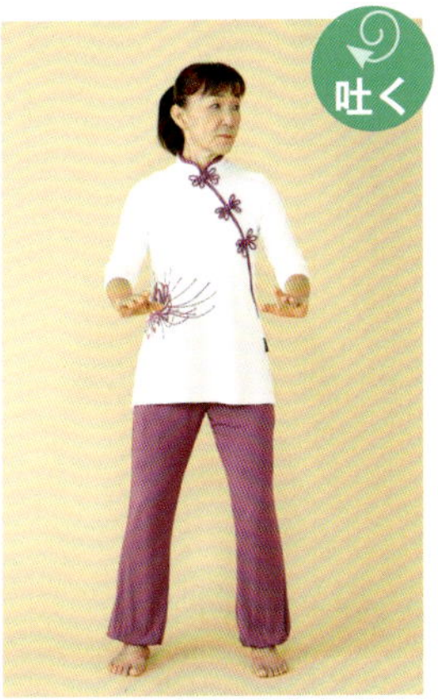

両手を下ろす

両手を腰の脇に下ろしながら、徐々に顔を左に向けて目線を左後方へ水平に移動させます。

5

右足裏を意識する

目線を左後方へ向け、反対側の右足裏を意識して気血の巡りを促します。

6

両手を上げる

顔と目線を正面に戻しながら、両手のひらを上に向けて肩の高さまで上げていきます。

7

両手のひらを返す

肩の高さまで両手を上げたら、手のひらを返して下に向けます。

感じてみよう

5では左に向けた顔と反対側の足裏を意識して、気を足裏まで通す意識を持ちましょう。体のすみずみまで気を巡らせることで生命エネルギーや自律神経機能が高まります。

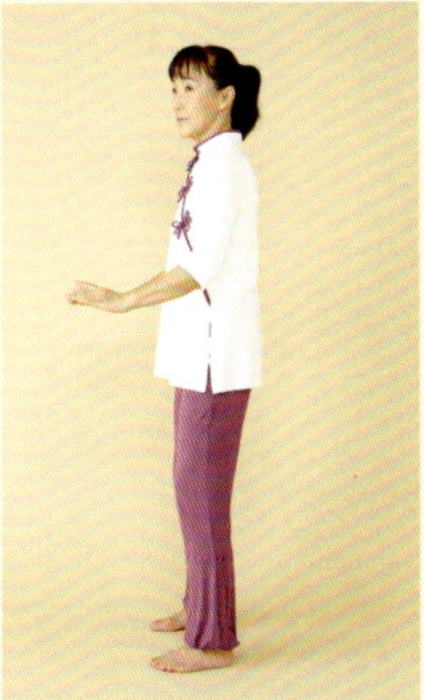

4では左方向への目線の動きに導かれて顔が左に向いていく意識を持つとスムーズに行えます。両手は2、3で上げた「気」を丹田に戻す意識で下ろしましょう。

第五段錦

五 揺《ヤオ》頭《トウ》擺《バイ》尾《ウエイ》去《チュイ》心《シン》火《フォ》

尾骨を中心に頭を揺すって不安などを解消する動き

- 集中力を高めます。
- 足腰を強化します。
- 脳や血管の老化予防にも。

1

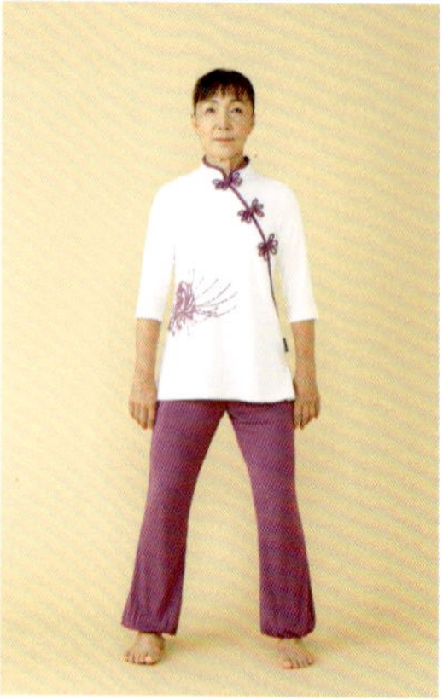

左足を肩幅に開く

両足を閉じて立ち、左足を肩幅に開いて自然立ちになります。

2

足を開き腰を落とす

左足をさらに広く開きます。腰を落とし、両手は親指を後ろ側にして太ももに添えます。

3

上体を右に向ける

上体を右に向けます。頭頂から尾骨まで1本の棒が通っているように意識してみましょう。

8

上体を正面に向ける

右ひざの上からさらに上体が起きるまで回したら、上体を正面に向けます。

9

上体を左に向ける

上体を左に向けます。頭頂から尾骨まで1本の棒のように動かしていきます。

10

上体を左から回す

上体を左ひざの上に倒し、さらに正面、右ひざの上へと尾骨を中心に左から右へ回していきます。

4

上体を右から回す

上体をひざの上に倒し、さらに正面、左ひざの上へと尾骨を中心に右から左へ回していきます。

5

回転をとめる

左ひざの上くらいまで上体を回したら、回転をとめます。

6

首を右に回す

首を右に回して右足の土踏まずを見るように意識します。

7

首をもとに戻す

首をもとに戻し、尾骨を中心に今度は左から右へと上体を回していきます。

11

首を左に回す

右ひざの上で上体を止め、首を左に回して左足の土踏まずを見るように意識してから、首を戻し、上体を右から左へと回していきます。

12

もとの姿勢へ

左ひざの上からさらに上体が起きるまで回したら、上体を正面に向けます。左足を肩幅に寄せ、呼吸を整えてから最初の姿勢に戻ります。

感じてみよう

7で顔の向きを戻し、再び上体を回します。軸をしっかり定めたまま回すことが大切です。

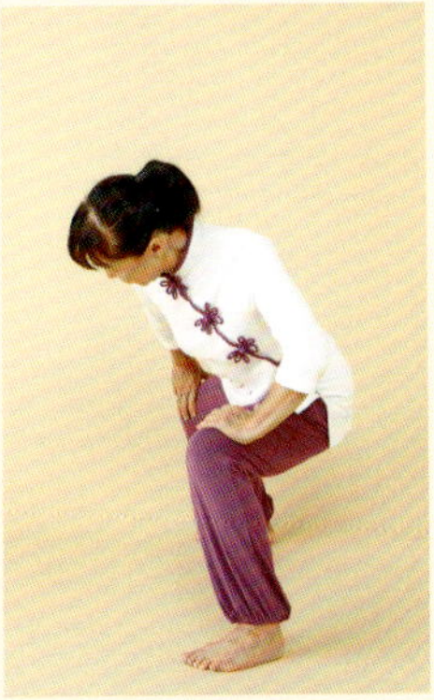

6で土踏まずを見るように顔を向けるときは、首だけを回すようにします。顔を上下に動かしたり、無理に覗き込もうとして姿勢を崩したりしないようにしましょう。

第六段錦

六

両《リアン》手《ショウ》攀《パン》足《ズー》固《グー》腎《シエン》腰《ヤオ》

両手で足をつかみ腎臓や腰を丈夫にする動き

- 腰や腎臓を丈夫にします。
- ホルモンバランスを整えます。
- 腰痛予防や冷え性改善にも。

1

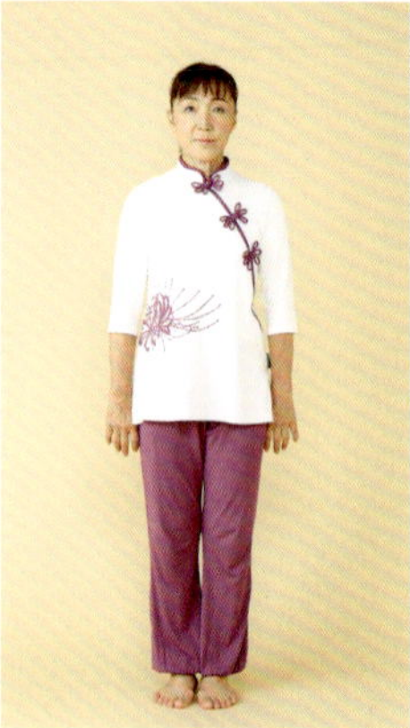

両足をそろえて立つ

両足をそろえて立ちます。つま先をできるだけ開かないようにしましょう。

2

両手を上げて下げる

左足を肩幅に開き、両手のひらを下に向けて肩の高さまで上げてから、腰のわきまで下ろします。

3

両手を肩の高さへ

両手を引き上げ、肩の高さで手のひらを外側に向けます。

8

上体を前に倒す

両手を上に伸ばしてそろえ、上体を前に倒し、両手を床につけます。無理のない範囲で行いましょう。

9

足首をつかむ

足首をつかみ、上体を引き寄せ、ひざ裏を伸ばします。無理をしないように行いましょう。

10

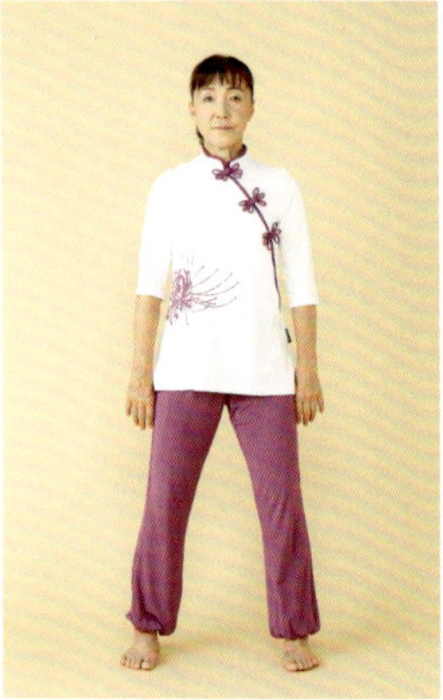

もとの姿勢へ

上体を起こし、左足を寄せて最初の姿勢に戻ります。

4

両手を上に伸ばす

さらに天を押し上げるように両手を上に伸ばします。

5

両手を交互に伸ばす

両手を左右交互に各5、6回ほど伸ばします。体のわきを気持ちよく伸ばしましょう。

6

上体を回す

両手を上に伸ばし、腰を軸に上体を右から左へ3回、左から右へ3回ほど回し、正面で止めます。

7

両手を交互に伸ばす

再び両手を上に伸ばし、左右交互に各5、6回ほど伸ばす動きを繰り返します。

感じてみよう

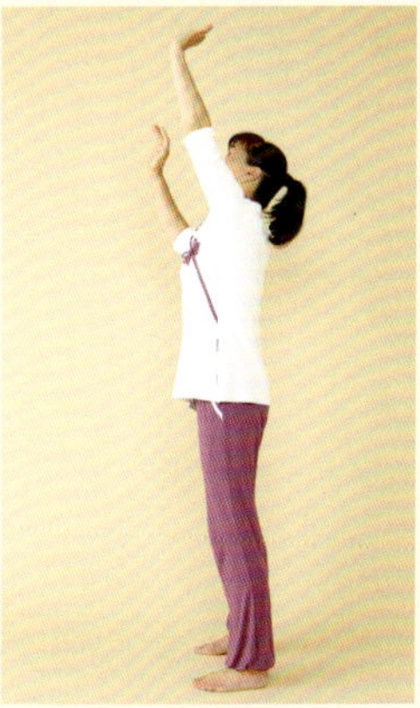

5と7では体の脇を伸ばし空を押し上げるイメージで行うと爽快感が得られます。背筋を伸ばし刺激する動きは日常生活では稀。起床時やリフレッシュしたいときにもおすすめ。

4では両手を真上ではなくやや前方に向け、目線も斜め前方に向けます。真上に向けると負担がかかる場合があるので無理をしないようにしましょう。

第七段錦

七

攢《ザン》拳《チュエン》怒《ヌー》目《ムー》増《ゼン》気《チー》力《リー》

拳を握りしっかり見て気力を増す動き

- ●心身の活力を高めます。
- ●筋力を高めます。
- ●しっかりした骨格づくりにも。

1

両手を上げる

両足をそろえて立ち、左足を肩幅に開き、さらに大きく開いて、両手を肩の高さまで上げていきます。

2

両手を下ろす

両手を下ろしながら、腰を落としていきます。

3

拳を握る

両手を下ろしたまま拳を握ります（両手を握りながら引き上げる第二段錦の5とは異なります）。

8

両手を下ろす

拳をほどいて弧を描くように下ろし、再び拳を握ります。

9

右拳を突き出す

両手の拳を胸の前まで引き上げ、右拳を右斜め前方に突き出し、左拳は胸前に寄せます。

10

両拳を戻す

両手の拳を胸の前に戻し、頭上に押し上げ、拳をほどいて弧を描くように下ろしていきます。

4

拳を引き上げる

両手の拳を胸の高さまで引き上げます。

5

左拳を突き出す

左拳を左斜め前方に突き出し、右拳は胸前に寄せます。

6

両拳を戻し腰を落とす

両手の拳を胸の前に戻し、いったんゆるめ、少し腰を落とします。

7

両拳を上げる

両手の拳を頭上に押し上げていきます。

11

両手を下ろす

両手を体の前まで下ろします。

12

もとの姿勢へ

腰を上げ、左足を肩幅に寄せてから最初の姿勢に戻ります。

感じてみよう

7、8では拳を外側に返してほどき、腕をゆるめて左右に下ろしていきます。体の緊張と弛緩を意識しながら行ってみましょう。

3～6まではしっかり拳を握ってから胸前に引き上げます。特に5では手首と手の甲を平らにして拳を突き出し、しっかり見ましょう。

第八段錦

八

背《ベイ》后《ホウ》七《チー》顛《ディエン》百《バイ》病《ビン》消《シアオ》

背中に刺激を与えてあらゆる病気を治す動き

- 便秘や痔を予防します。
- 疲労回復の効果があります。
- 骨粗鬆症の予防にも。

1

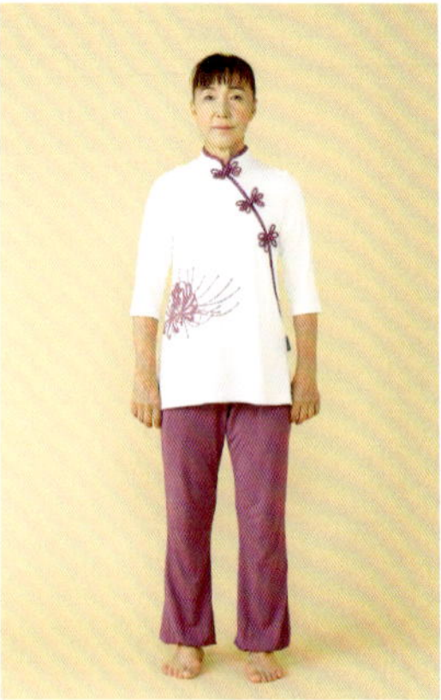

左足を寄せる

両足をそろえて立ち、左足を肩幅に開いてから、拳1つ～1つ半のところに左足を寄せます。

2

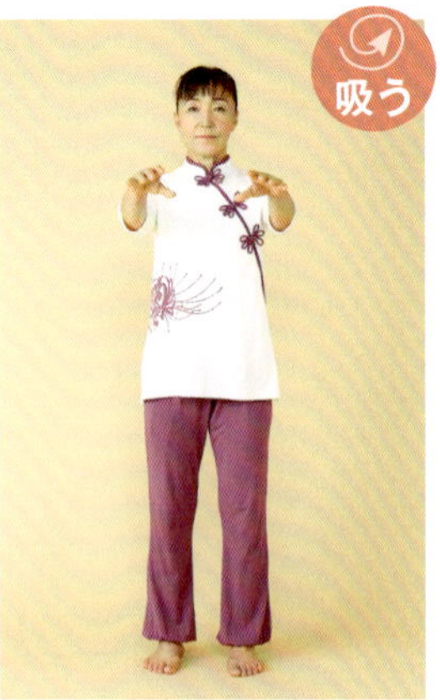

両手を上げる

手のひらを下に向けて両手を肩の高さまで上げていきます。

3

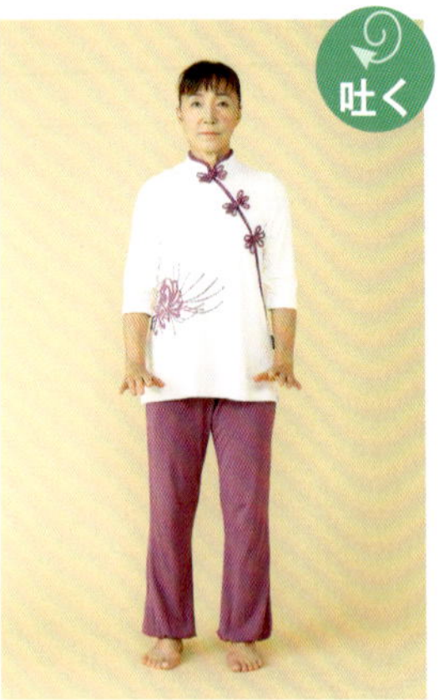

両手を下ろす

両手を体のわきに下ろしていき、両手のひらを下に向けます。

㊇

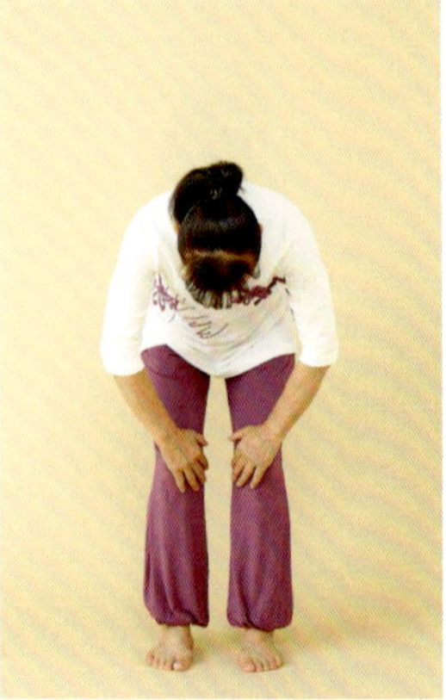

ひざを伸ばす

さらにひざを伸ばし、軽くもむようにします。

6

上体を起こす

上体を起こします。

7

もとの姿勢へ

左足を寄せて最初の姿勢に戻ります。

4

かかとを上げる

両足のかかとを上げます。三段階くらいに分けて上げると行いやすいでしょう。下腹と肛門を閉めます。

5

かかとを落とす

体の力を抜いて、かかとをストンと落とします。ひざは軽く曲げ、口から息を吐きます。

㋑

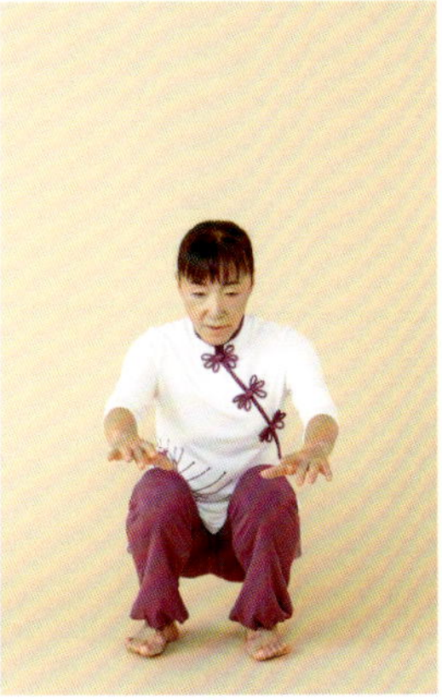

腰を落とす

5に替えてかかとを落とすと同時に腰を落とす方法もあります。

㋺

ひざを抱える

かかとと腰を落としたあとに両手でひざを抱えます。

感じてみよう

4はバランス感覚が必要です。下腹を引き締めて丹田を充実させ、肛門を締めると安定します。足先のツボ刺激、ふくらはぎの血流アップなどの効果もあります。

5は肩や背中の力を抜いてかかとを落とすことで振動を背骨に伝え、治癒力や免疫力を高めようとするものです。膝をゆるめて振動を効果的に背骨に伝えましょう。

㋑はかかとを落とし、ひざを曲げて、腰を深く落とす方法です。㋺、㋩と続けることでひざの屈伸運動になります。ひざに痛みがあるときは行わず6に進みましょう。

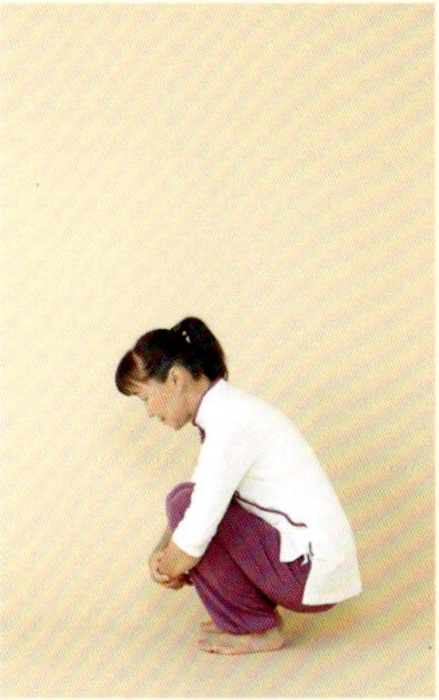

㋺ではひざを抱えてしゃがみ込み、そのままひざを軽く屈伸してもいいでしょう。足首の関節の運動にもなります。㋩では曲げたひざを伸ばし、膝関節をさらにほぐします。

Column 3

‘道衣と太極拳’

楊名時太極拳では道衣がユニフォームとして定着しています。
道衣をつけた太極拳の演舞が世界に「健康・友好・平和」の輪を広げています。

楊名時書「不怕慢只怕站」

ここに掲げた書の６文字の言葉、どんな意味だと思いますか？　ルビをふるなら「ブーパーマン　ジーパージャン」。師家・楊名時がよく口にした言葉で、著者・楊慧も好きな言葉です。

「ゆっくりすることはかまわないが、立ち止まってはいけない」という意味です。太極拳をはじめると、覚えられない、上達しないと焦りを感じることがあります。ゆっくり進んでいいのです。焦ることはありません。「やろう」と思ったその初心を貫き、くり返し、飽きずに続けることが大切です。くり返し行うなら、やがてやめられないものとなり、生涯の宝物になるでしょう。

長い人生です。体調をくずしたり、アクシデントに見舞われたり、時間に余裕のない日が続いたりするかもしれません。そのようなとき、ゆっくりするのはかまいませんが、環境が整わないからといって、途中で立ち止まること、やめることは、自身にとって大切なものを失うことにならないでしょうか。周りを見れば、支えてくれる家族や仲間もいるはずです。

楊名時太極拳が目指す「健康・友好・平和」は、高邁な理想ではなく、いま隣にいる仲間を慈しみ、ともに太極拳を楽しむという平凡で当たり前のことです。

楊名時太極拳の道衣

楊名時は道衣を着て太極拳を行いました。道衣は今日、日本で育った太極拳のユニフォームとなっています。“太極拳衣”ともいえる道衣は、日中文化交流の一つの結実です。海外交流に赴く師範たちは、道衣をスーツケースに詰めます。「健康・友好・平和」の心は、世界へと広がっています。

PART 4

24式太極拳

さあ、24式太極拳をはじめましょう！
楊名時太極拳の教室では、八段錦（第一～四段錦）と24式太極拳を行った後に、八段錦から一つ、稽古要諦から二つ、24式太極拳から二つの式を特に取り上げて学習しますので、ＰＡＲＴ４はそれに準じた構成にしてあります。
イメージ写真は初夏、富士山周辺にて撮影。
太極拳のおおらかな動きと雄大な自然がベストマッチですね！

太極拳のLESSON 構成について

楊名時太極拳の教室では、太極拳を12回に分けて学びます。本書もそれに準じた構成になっています(「本書&DVDの特徴」8ページ)。

太極拳は連続した動きからなるため、まずは一通り24式を通して行うことが大切ですので、DVDを活用しましょう。動きを一つずつ確認したり、動作のポイントを理解するときなどに、本書のPART4を役立ててください。

八段錦

各Lessonに配分されている八段錦は、本書ではPART2にまとめて掲載しています。

八段錦
第二段錦
左右開弓似射雕《ズオヨウカイゴンシーシャディアオ》 ▶P36
稽古要諦
03 沈肩垂肘《チェンジェンチュイジョウ》
肩から力が抜けて自然に下がり、ひじも緩んで体のわきに垂れること。肩が上がった状態では気も上がり、体が持つ力を十分に発揮することができません。ひじを横に張った状態では、スムーズに動き続けられません。余分な力が入っていないことが大切です。
04 身正体鬆《シェンジェンチエィソン》
姿勢を正しくして体を緩めること。体の軸をまっすぐに保てば、体を支えるためにムダな筋力を使わずにすみ、関節の負荷も小さくなって、自ずとリラックスできます。余裕があると、次の動作にスムーズに進むことができます。
24式太極拳
03式
白鶴亮翅《バイホーリャンチー》
04式
摟膝拗歩《ロウシーアオブー》
63
LESSON
2
62

稽古要諦

太極拳の稽古をするときに最も大切なこと。楊名時太極拳では24の言葉にまとめられており、1回のLessonで2つずつ学びます。太極拳24式全体を通して大切な内容になっていますが、配分されているLessonで特に学びやすいように配慮されています。

太極拳

この回のLessonで学ぶ太極拳の名称です。次ページからはじまります。

LESSON No.

レッスンは全12回。何番目のレッスンかを示しています。

教室での見え方

太極拳の教室では、横に並んだ学習者の前に指導者が背中を見せて立ち、ともに動きはじめます。丸の中の写真は、学習者から見た指導者の体の向きを示しています。

名称の意味

名称の意味をわかりやすく簡潔に示しています。

～のラスト

1つ前の式の最後の姿勢を示しています。

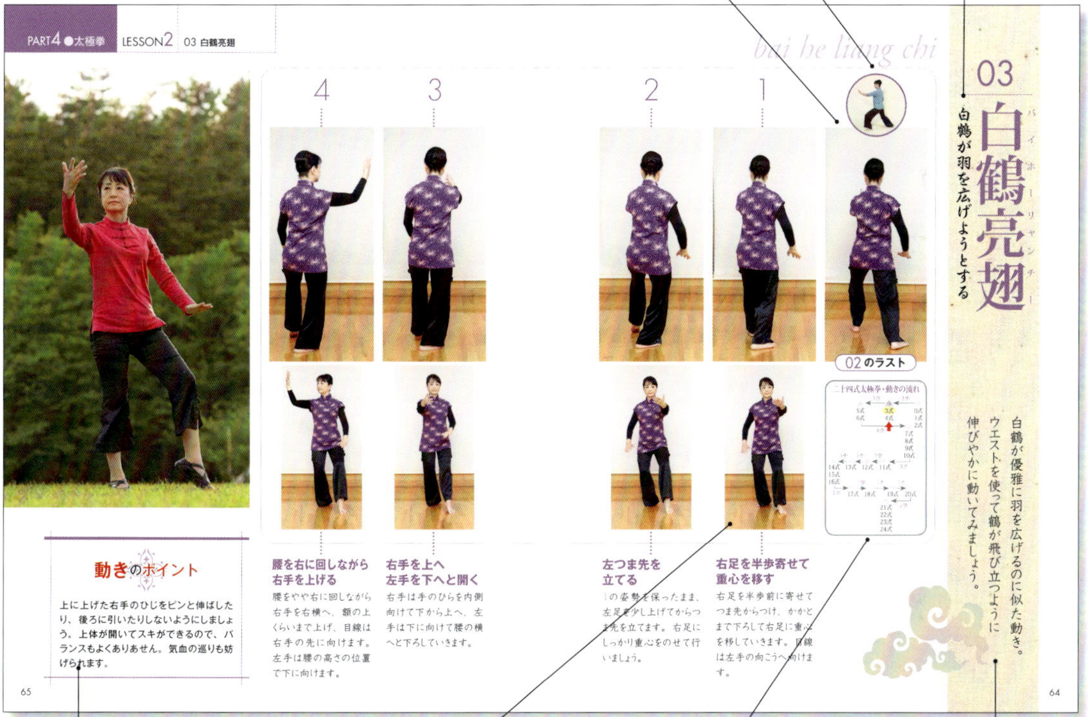

PART4 ●太極拳　LESSON2　03 白鶴亮翅
bai he liang chi
03
白鶴亮翅《バイホーリヤンチー》
白鶴が羽を広げようとする
白鶴が優雅に羽を広げるのに似た動き。ウエストを使って鶴が飛び立つように伸びやかに動いてみましょう。
4
3
2
1
02のラスト
腰を右に回しながら右手を上げる
腰をやや右に回しながら右手を右横へ、額の上くらいまで上げ、目線は右手の先に向けます。左手は腰の高さの位置で下に向けます。
右手を上へ左手を下へと開く
右手は手のひらを内側向けて下から上へ、左手は下に向けて腰の横へと下ろしていきます。
左つま先を立てる
1の姿勢を保ったまま、左足を少し上げてからつま先を立てます。右足にしっかり重心をのせて行いましょう。
右足を半歩寄せて重心を移す
右足を半歩前に寄せてつま先からつけ、かかとまで下ろして右足に重心を移していきます。目線は左手の向こうへ向けます。
動きのポイント
上に上げた右手のひじをピンと伸ばしたり、後ろに引いたりしないようにしましょう。上体が開いてスキができるので、バランスもよくありあせん。気血の巡りも妨げられます。
65
64

反対方向からの写真

上の写真と、反対の方向から撮影したものです。

動きの流れ

太極拳はスタート位置からみて、左右に歩を進めながら行う動作が多く、図はそれを便宜的に表したもの。実際には後ろ（前後）に進むような動きはなく、ほぼ一直線上になります。黄色い部分が該当箇所を示します（赤い矢印は該当箇所を探すときの目印です）。

動きの特徴

どのような特徴のある動きなのかを示しています。

動きのポイント

太極拳の効果をより高めるためのポイント解説です。

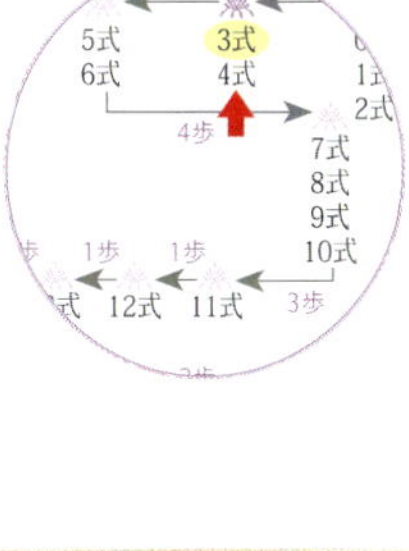

3歩
5式
6式
3式
4式
2式
4歩
7式
8式
9式
10式
1歩
1歩
12式
11式
3歩

八段錦

第一段錦

双《シュアン》手《ショウ》托《トゥオ》天《ティエン》理《リー》三《サン》焦《ジャオ》 ▶P34

稽古要諦

01 気《チ》沈《チェン》丹《タン》田《ティエン》

体内を巡る“生命エネルギー”である気を丹田に集めること。丹田はおへその下3cmくらいのところにあり、気が集まる丹田は活力の元といえます。丹田を意識することで正しい姿勢になり、呼吸が整い、心が静まり、力に頼らない動きができるようになります。

02 心《シン》静《ジン》用《ヨン》意《イ》

心静かに意を用いること。思考や感情からいったん離れて、意識的に動いていけるような状態になっていることが大切です。そうすることで感覚も鋭敏になり、体の微妙な位置や平衡感覚がとらえられるようになって、調整しながら動き続けられるようになります。

24式太極拳

00式

十《シー》字《ズー》手《ショウ》

01式

起《チー》勢《シー》

02式

野《イエ》馬《マー》分《フェン》鬃《ゾン》

LESSON 1

00

十字手《シーズーショウ》

手を十字に組む

足は根を張るように地にしっかりつけ、背筋・首筋をのびのびと天に伸ばし、深い呼吸をしましょう。

1

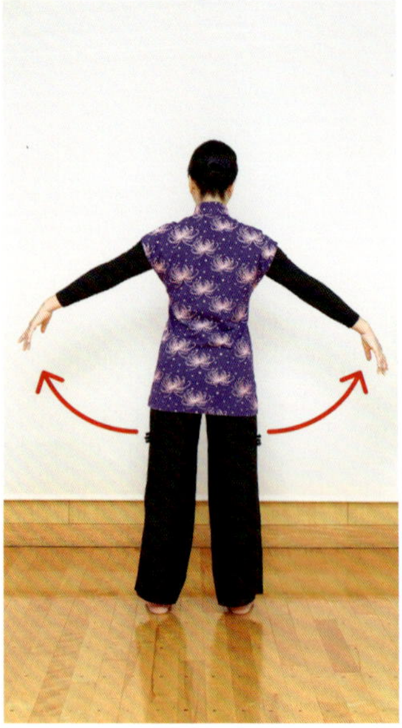

2

3

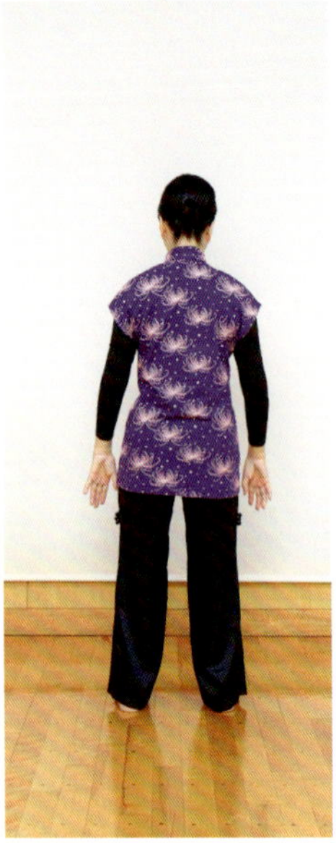

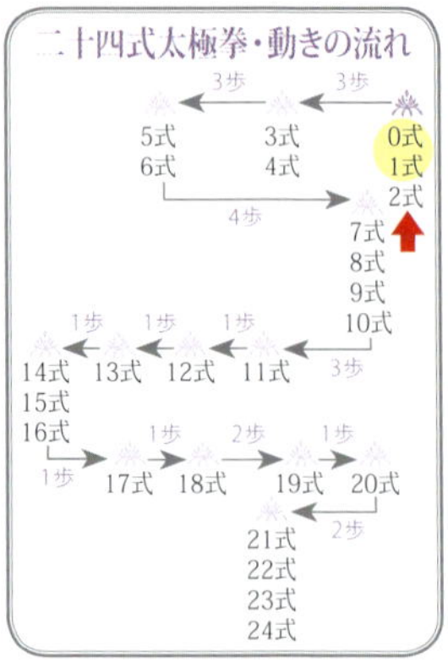

左足を肩幅に開き両手を上げていく

両足を閉じて立った姿勢から左足を肩幅に開き、両手を開いていきます。肩やひじの力は自然に抜き、両肩が上がったりしないように行いましょう。

両手を頭上へと上げ交差させる

両手を左右から頭上へと上げていき、左手を内側にして十字手を組みます。手はふんわりと開き、指を丸めたりしないようにしましょう。

十字手を胸の前に下ろし自然立ちへ

頭上の十字手を胸の高さまで下ろし、さらに両手を開きながらわきに下ろして自然立ちになります。腹式呼吸を1、2回行いましょう。

qi shi

01 起勢《チーシー》

はじめの姿勢

「気」はいわば〝生命エネルギー〟。両手を下ろしながら気を丹田に沈め、心静かに太極拳をはじめましょう。

1

両手を肩の高さまで上げていく

自然立ちでリラックスした状態を保ったまま、両手を肩の高さまで上げていきます。ひじをゆるやかに伸ばし、手のひらは下に向けて行います。

2

股関節やひざをゆるめ腰を落とす

股関節やひざをゆるめて腰を落としながら両手を胸前に下ろします。背筋を伸ばしたまま行いましょう。

動きのポイント

「十字手」に続いて「手をあげるときに吸う」、「下げるときに吐く」という太極拳の呼吸の基本を理解しやすい動きです。1では肩の力を抜いて、吸う息で腕を引き上げるような意識で行ってみましょう。

ye ma fen zong

02

野《イエ》馬《マー》分《フェン》鬃《ゾン》

野馬のたてがみを分ける

両手を交差させて馬のたてがみをかき分けるような動きを3回くり返しながら3歩前に進みます。

01のラスト

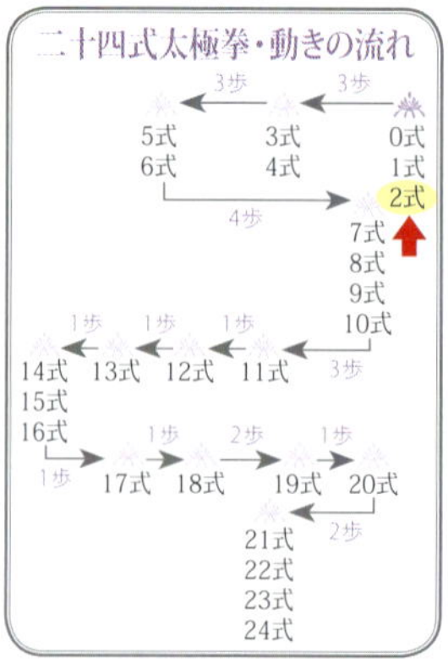

1

腰を落とした状態から腰を左に回す

両手を胸前に下ろし腰を落とした状態から、腰を左に回します。目線も自然に左に移動します。

2

腰を右に回しながら両手を回していく

腰を右に回しながら右手は右上へ、左手は下へ弧を描くように回していきます。目線も右へ向けます。

3

右手を上に
ボールを抱える

右手は胸の高さで、左手は腰のあたりで、胸の前でボールを抱えるような形をとります。

4

左足を寄せて
足先をつける

ボールを抱えた形のまま腰を右に回し、右足に重心を移していきます。左足を寄せてつま先をつけます。

5

腰を左に回し
左足を踏み出す

腰を左に回し、左足をかかとから踏み出して重心を移します。同時に左手は前へ、右手は腰の横へ（左右の手で野馬のたてがみをかき分ける動き）。

6

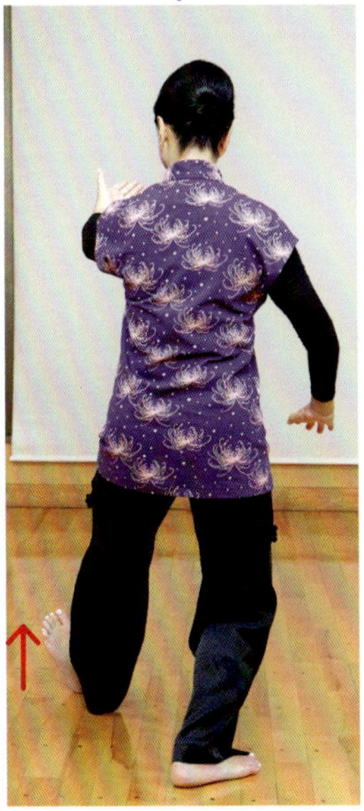

重心を右足に移し
左つま先を上げる

重心を右足に移して左つま先を上げ、腰もやや左に回します。

7

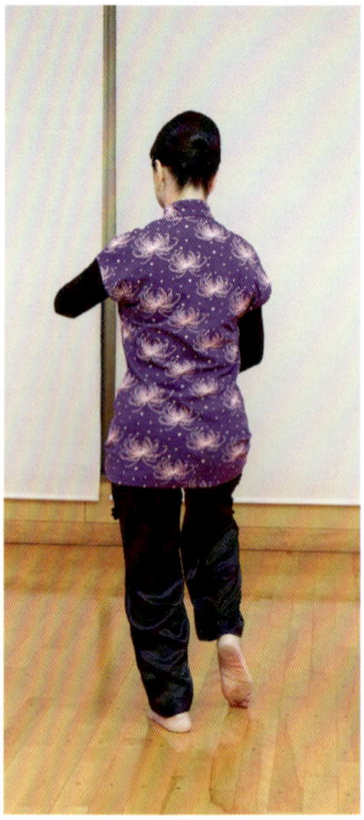

左足に重心を移し
右足を寄せる

左足に重心を移しながら右足を寄せ、左手を上に再びボールを抱えるような形をとります。

8

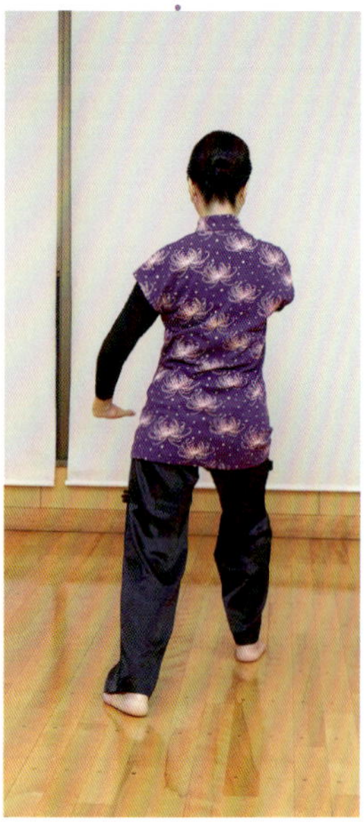

腰を右に回し
右足を踏み出す

腰を右に回し、右足をかかとから踏み出して重心を移します。同時に右手は前へ、左手は腰の横へ。

9

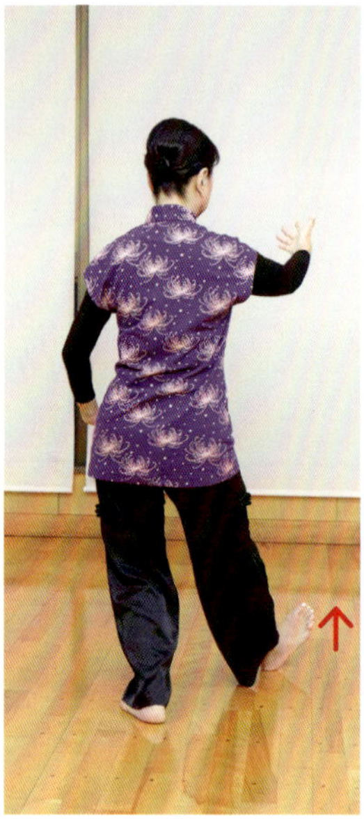

重心を左足に移し
右つま先を上げる

重心を左足に移して右つま先を上げ、腰もやや右に回します。

10

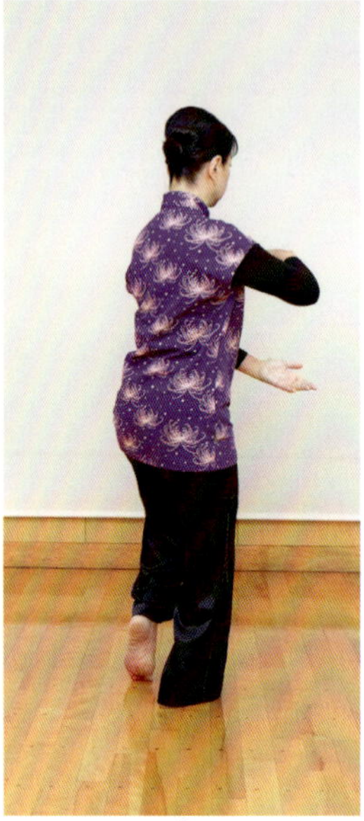

右足に重心を移し
左足を寄せる

右足に重心を移しながら左足を寄せ、右手を上に再びボールを抱えるような形をとります。

11

腰を左に回し左足を踏み出す

腰を左に回し、左足をかかとから踏み出します。

12

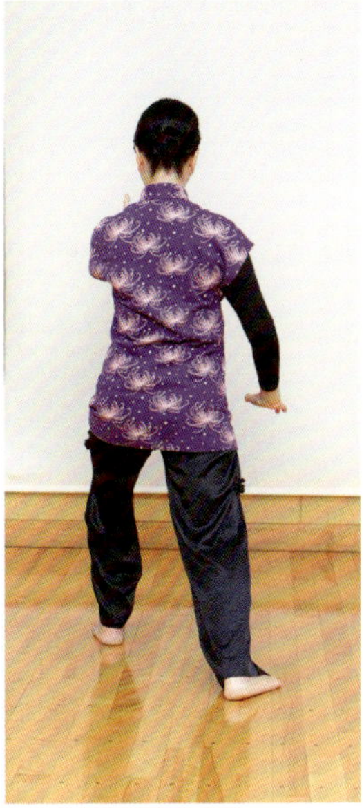

左足に重心を移しながら左手を前へ

左足に重心を移しながら、左手は前へ、右手は腰の横へ。5、8と同じように、3回目のたてがみかき分けるような動きを行います。

動きのポイント

5、8、12では前に出した手の方向に水平に目線を移動させましょう。上体が揺れたり、前かがみなったりすることがなくなります。また、目線が体の動きを少しだけ先取りするようにすると動きにキレが出ます。

LESSON

2

八段錦

第二段錦

左右開弓似射雕《ズオヨウカイゴンシーシャディアオ》 ▶P36

稽古要諦

03 沈肩垂肘《チェンジェンチュイジョウ》

肩から力が抜けて自然に下がり、ひじも緩んで体のわきに垂れること。肩が上がった状態では気も上がり、体が持つ力を十分に発揮することができません。ひじを横に張った状態では、スムーズに動き続けられません。余分な力が入っていないことが大切です。

04 身正体鬆《シェンジェンテエィソン》

姿勢を正しくして体を緩めること。体の軸をまっすぐに保てば、体を支えるためにムダな筋力を使わずにすみ、関節の負荷も小さくなって、自ずとリラックスできます。余裕があると、次の動作にスムーズに進むことができます。

24式太極拳

03式

白鶴亮翅《バイホーリヤンチー》

04式

摟膝拗歩《ロウシーアオブー》

bai he liang chi

03 白《バイ》鶴《ホー》亮《リャン》翅《チー》

白鶴が羽を広げようとする

白鶴が優雅に羽を広げるのに似た動き。ウエストを使って鶴が飛び立つように伸びやかに動いてみましょう。

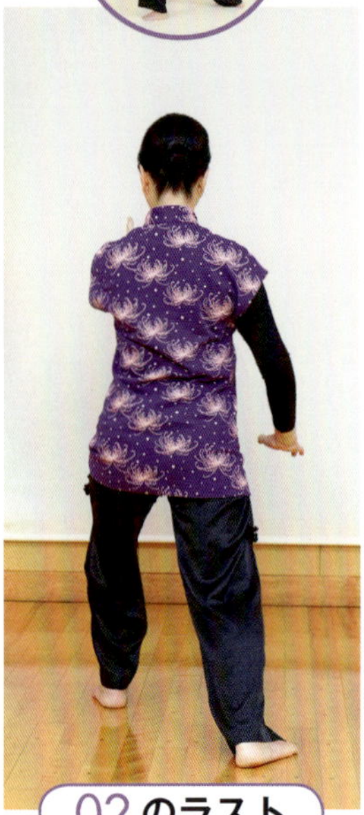

02のラスト

1

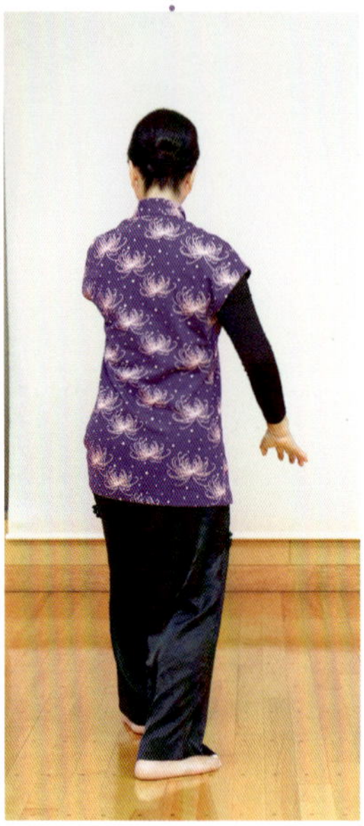

右足を半歩寄せて重心を移す

右足を半歩前に寄せてつま先からつけ、かかとまで下ろして右足に重心を移していきます。目線は左手の向こうへ向けます。

2

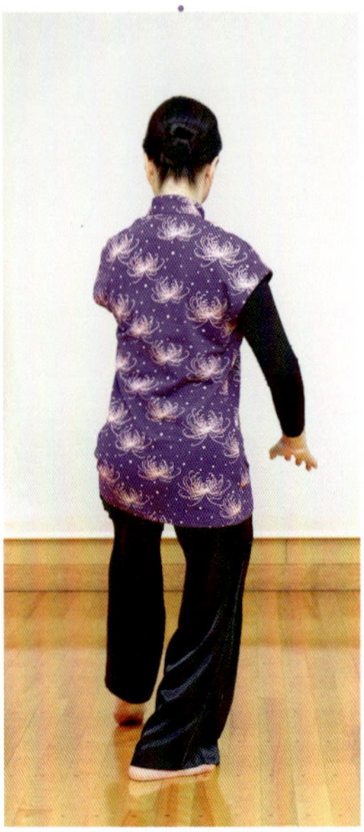

左つま先を立てる

1の姿勢を保ったまま、左足を少し上げてからつま先を立てます。右足にしっかり重心をのせて行いましょう。

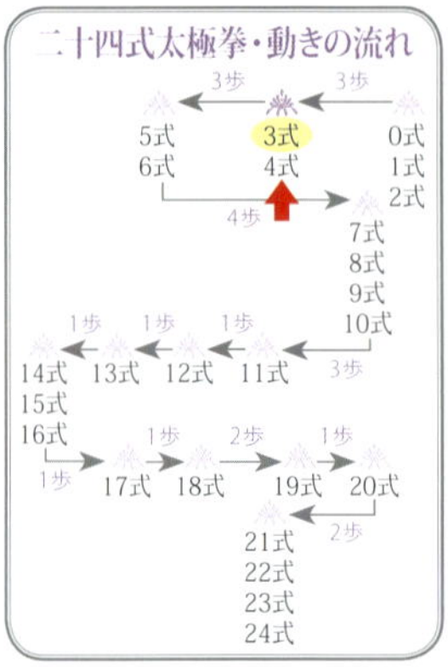

二十四式太極拳・動きの流れ

3

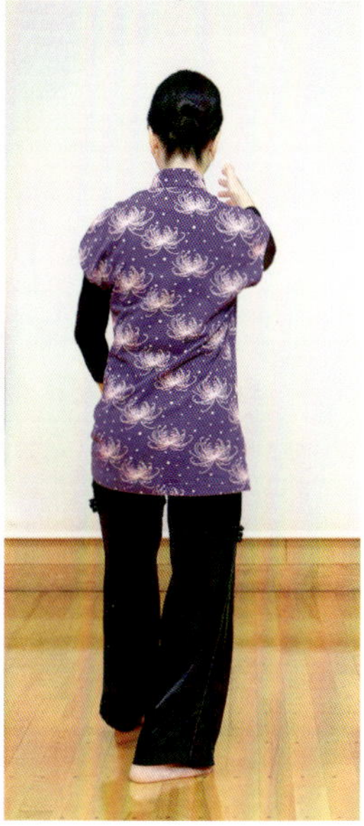

右手を上へ 左手を下へと開く

右手は手のひらを内側向けて下から上へ、左手は下に向けて腰の横へと下ろしていきます。

4

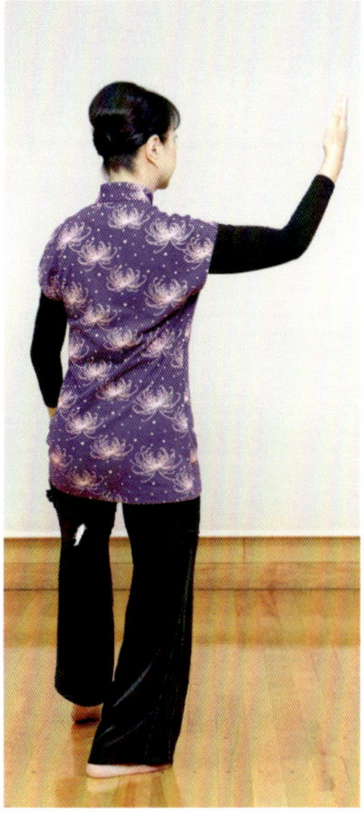

腰を右に回しながら 右手を上げる

腰をやや右に回しながら右手を右横へ、額の上くらいまで上げ、目線は右手の先に向けます。左手は腰の高さの位置で下に向けます。

動きのポイント

上に上げた右手のひじをピンと伸ばしたり、後ろに引いたりしないようにしましょう。上体が開いてスキができるので、バランスもよくありません。気血の巡りも妨げられます。

04 摟《ロウ》膝《シー》拗《アオ》歩《ブー》

ひざを払い歩を進める

lou xi ao bu

ひざの前を払いながら3歩前へ進みます。同じ側の手と足を出す動きになるので最初は難しく感じるかもしれません。

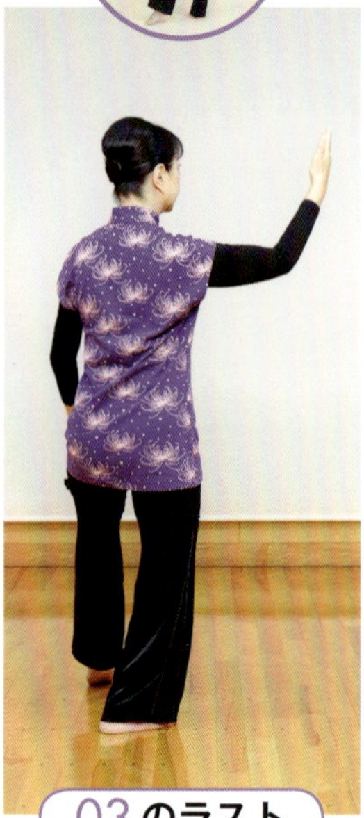

03のラスト

1

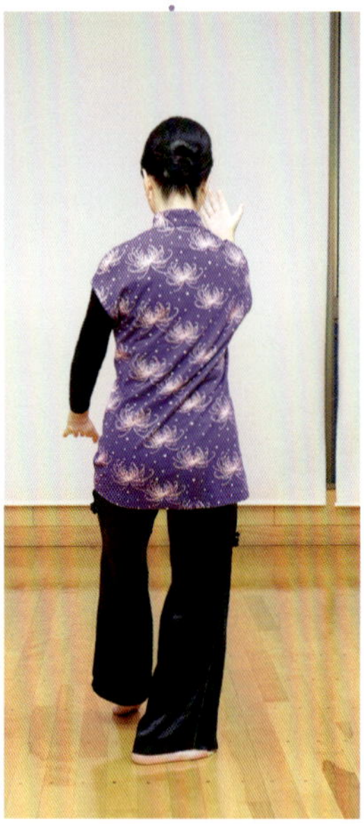

**腰を左に回し
右手を下ろす**

腰をやや左に回して上体を進行方向に戻しながら、弧を描くように右手を胸の高さまで下ろしていきます。手の甲は前に向けて行います。

2

**右手を右横上へ
左手を右肩前へ**

腰を右に回しながら手のひらを返すように右手を右横へ上げ、左手は右肩前に寄せます。右手は後方へ弧を描くように上げていきましょう。

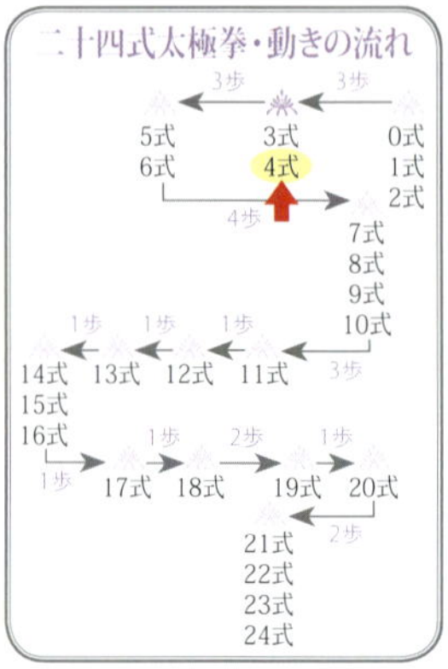

3

腰を左に回しながら左足を踏み出す

腰を左に回しながら左足をかかとから踏み出します。左手は下に向けて、左ひざ前を払う動きへとつなげていきます。

4

左足に重心を移し右手を押し出す

左足に重心を移しながら左手で左ひざ前を左に払い、右手は右耳横から、指先から前へ、徐々に手のひらを正面に向けながら押し出します。

5

右足に重心を移し左つま先を上げる

右足に重心を移しながら左手を下向きに肩の高さまで上げていき、左つま先を上げます。

6

左足に重心を移し右足を寄せる

左足に重心を移して右足を寄せ、腰をやや左に回しながら左手は肩の高さへ、右手は左肩前へ寄せます。目線は左手の向こうへ向けます。

7

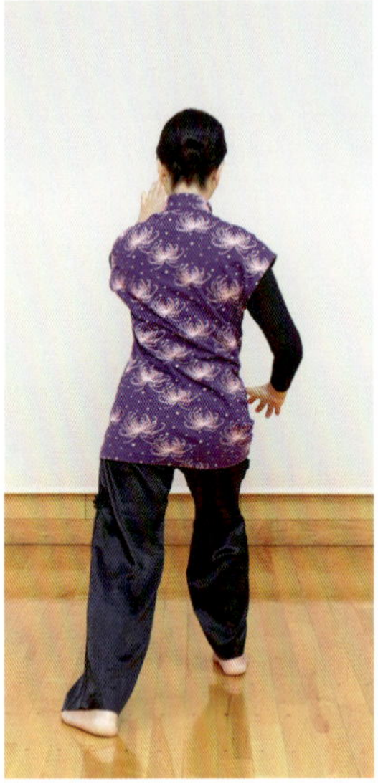

右足に重心を移し左手を押し出す

右足をかかとから踏み出し、右足に重心を移しながら右手で右ひざ前を右に払い、左手は左耳横から、指先から前へ、徐々に手のひらを正面に向けながら押し出します。

8

左足に重心を移し右つま先を上げる

左足に重心を移しながら右手を下向きに肩の高さまで上げていき、右つま先を上げます。

9

右足に重心を移し左足を寄せる

右足に重心を移して左足を寄せ、腰をやや右に回しながら右手は肩の高さへ、左手は右肩前へ寄せます。目線は右手の向こうへ向けます。

10

左足に重心を移し右手を押し出す

左足をかかとから踏み出し、左足に重心を移しながら左手で左ひざ前を左に払い、右手は右耳横から、指先から前へ、徐々に手のひらを正面に向けながら押し出します。

動きのポイント

片手でひざの前あたりを払い、もう一方の手で相手を攻めながら進んでいく動きです。攻める方の手は耳横から、指先から押し出す形で前に出します。2、6、9では手を後ろに開きすぎないようにしましょう。

LESSON

3

八段錦

第三段錦

調理脾胃須単挙《ティアオリーピーウェイシュダンジュイ》 ▶P38

稽古要諦

05 内外相合《ネイワイシァンホ》

内にあって見えない心と、外に見える体の動きが関わり合うこと。心と体が一体となるためには、心の緊張をほどくことが必要です。立禅で心を落ち着けてから、心をこめて意識的に動作を行い、体の感覚を繊細にとらえ、動きや姿勢を調整して心身の調和をはかりましょう。

06 由鬆入柔《ヨウソンルーロウ》

緩むことで柔らかくなること。心身をリラックスさせるのが難しいことを私たちは日常的に経験しています。思いにとらわれれば体が緊張し、体の使い方のクセなどでいつもどこかがこわばっています。太極拳では意識的に心と体をゆるめて、柔らかな動きを追求します。

24式太極拳

05式

手揮琵琶《ショウフイピーパ》

06式

倒捲肱《ダオジュエンゴン》

05 手《ショウ》揮《フイ》琵《ピー》琶《パ》

両手で琵琶を抱える

武術的には右手で相手の手首、左手でひじをつかむ動き。その前につかんできた相手の手を払う動きがあります。

shou hui pi pa

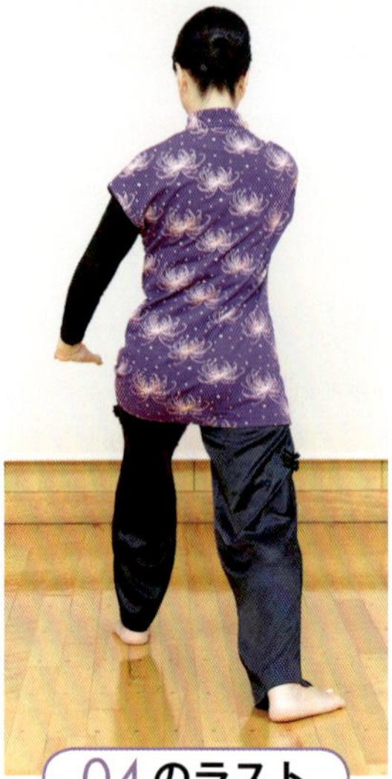

04のラスト

1

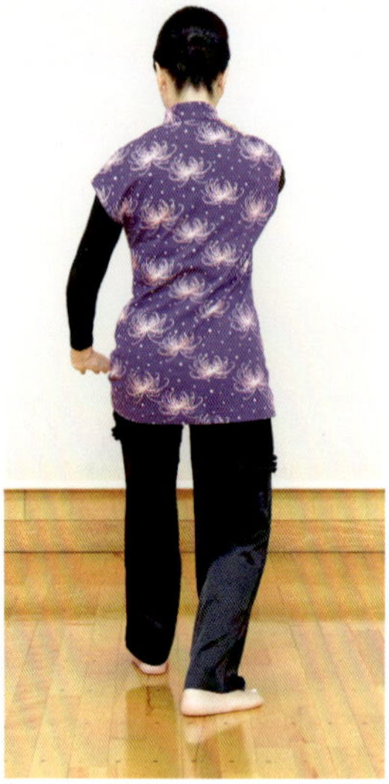

2

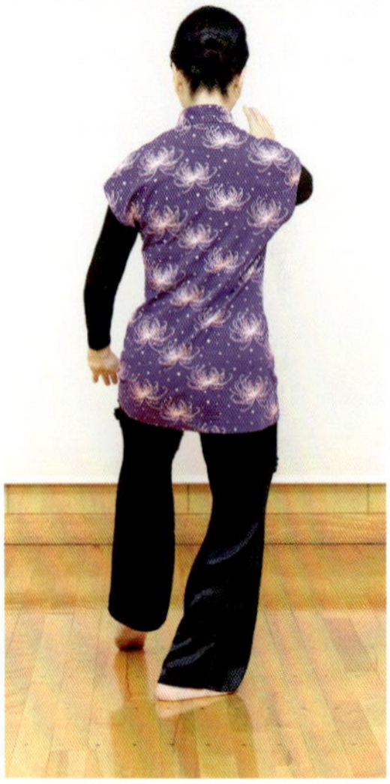

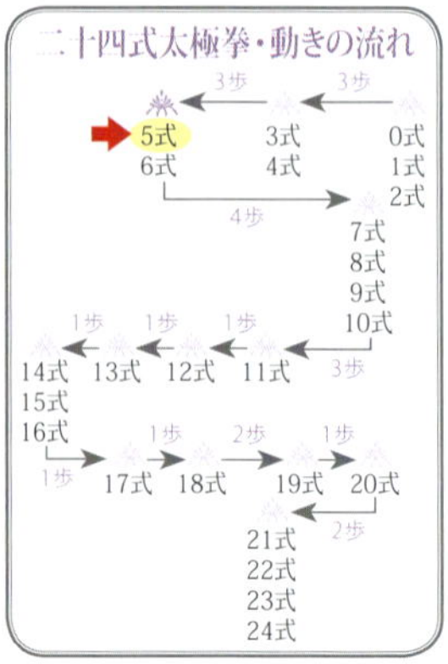

1 右足を半歩寄せて右足に重心を移す

右足を半歩寄せてつま先からつけ、かかとまで下ろして右足に重心を移します。

2 左つま先をつける

左足を床からわずかに上げるようにしてから左つま先をつけます。

動きのポイント

1で右足を半歩寄せてしっかり体重をのせたら、左足を自然に虚歩にし、姿勢を正しく保って、上体が上下しないように5まで進みましょう。4、5は特に腰から動くように意識して行いましょう。

3

左かかとをつける

左つま先を床からわずか引き上げ、左かかとをつけます。

4

腰を右に回し右ひじ下を払う

腰を右に回しながら左手を下向きに右ひじの下に差し入れ、腰を左に回しながら右手のひらを返しつつ右手の先へと払い上げます。

5

琵琶を抱えるように

ひざをゆるめて腰を落としながら、琵琶を抱えるように手のひらを内側に向けます。両手は下まで落とし込まないようにしましょう。

dao juan gong

06

倒《ダオ》捲《ジュエン》肱《ゴン》

腕を逆さに巻く

両手を下から左右へ巻き上げるような動きと、相手を引きつつ、突くような動きを伴いながら4歩後退する動きです。

05のラスト

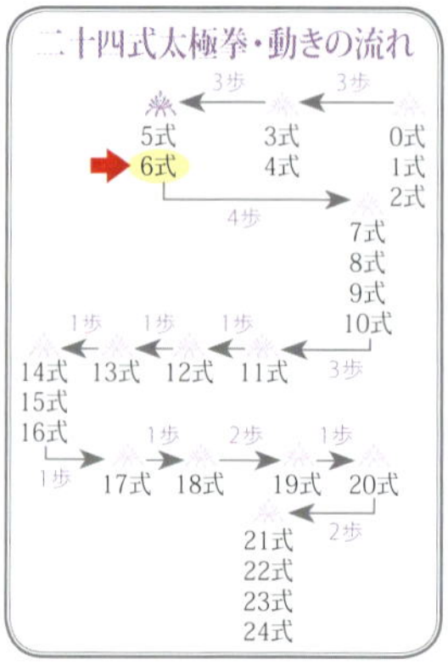

1

腰を右に回しながら両手を下ろす

琵琶を抱える手をほどいて腰を右に回しながら、両手のひらを下に向けてお腹の前あたりまで下ろしていきます。

2

両手を開いて上げる

両手のひらを返しながら内側から大きな弧を描くように上げていき、左右に開きます。目線は右手の向こうへ向けます。

3

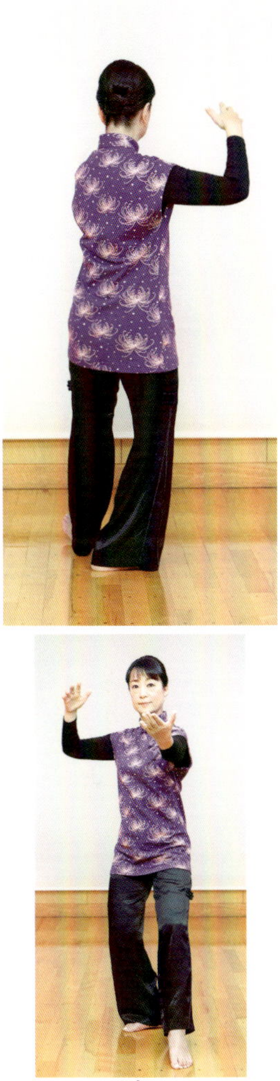

右手を右耳横へ 左手を前へ

腰を左へ回しながら右手は手のひらを下向きに右耳横へ、指先を前に向けます。左手は手のひらを上向きに前へ。右足に重心を移します。

4

左足を上げる

左足を上げます。右足に重心をしっかりのせ、左足は体幹に近い部分（ももの付け根近く）を引き上げるつもりで行うとぐらつきにくいでしょう。

5

左足を後ろへ つける

左足を1歩後ろへ、つま先からつけます。右足の一直線上（真後ろ）ではなく、少し開いた位置につけるようにしましょう。

6

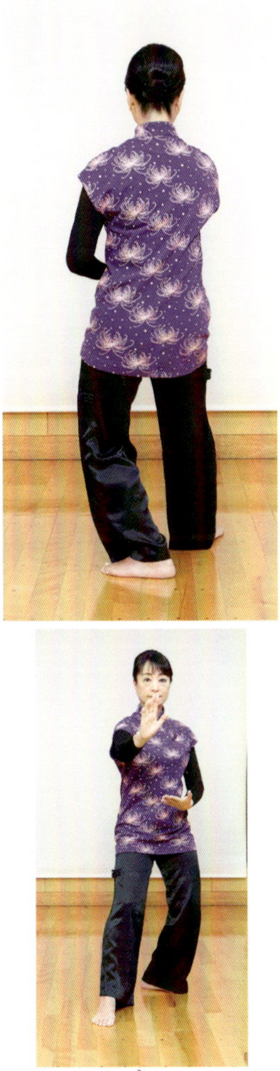

左足に重心を移しながら右手を前へ

左足に重心を移しながら右手を右耳横から前へ押し出し、左手は手のひらを上向きに腰の前に寄せます。

7

腰を左に回しながら両手を寄せる

腰を左に回しながら両手を体の前に寄せます。

8

両手を開いて上げる

両手のひらを返しながら内側から大きな弧を描くように上げていき、左右に開きます。目線は左手の向こうへ向けます。

9

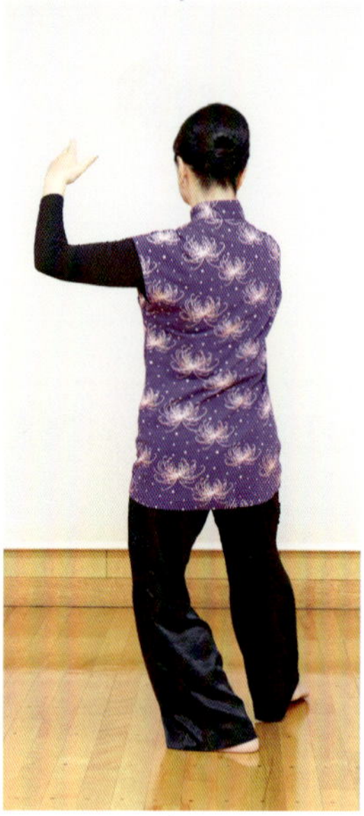

左手を左耳横へ右手を前へ

腰を右へ回しながら左手は手のひらを下向きに左耳横へ、指先を前に向けます。右手は手のひらを上向きに前へ。左足に重心を移します。

10

右足を上げる

右足を上げます。左足に重心をしっかりのせ、右足は体幹に近い部分（ももの付け根近く）を引き上げるつもりで行うとぐらつきにくいでしょう。

動きのポイント

歩を後ろに進めるときは、つま先から（前進はかかとから）つけます。体幹が安定していないと、バランスを崩さずに下がることができません。あわてず落ち着いて、後ろの足に体重をのせていくことが大切です。

11

右足を後ろへつける

右足を1歩後ろへ、つま先からつけます。左足の一直線上（真後ろ）ではなく、少し開いた位置につけるようにしましょう。

12

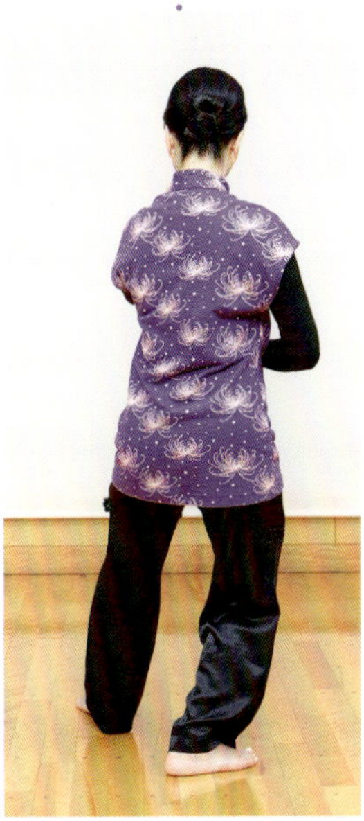

右足に重心を移しながら左手を前へ

右足に重心を移しながら左手を左耳横から前へ押し出し、右手は手のひらを上向きに腰の前に寄せます。

さらに1～12と同じ動きをくり返します。
1～6のように左足を後ろに1歩、7～12のように右足を後ろに1歩進めます。

八段錦

第四段錦

五《ウー》労《ラオ》七《チー》傷《シャン》往《ワン》后《ホウ》瞧《チァオ》 ▶P40

稽古要諦

07 上《シァン》下《シァ》相《シァン》随《ソイ》

上半身が下半身に、また下半身が上半身についていくこと。太極拳では腰が動きの中心となり、手や足など体の各部が関わり合い、バランスやタイミングなどを整えながら動いていきます。例えば前進は手・腕が、後退は足が先導します。「相随」であって「一致」ではないことを学びましょう。

08 弧《フー》形《シン》螺《ルオ》旋《シュエン》

弧を描き、螺旋状に動きが連なること。太極拳の動きの特徴を表しています。太極拳の動きはゆったりと円を描くかのように目に映ります。腰や手足の旋回（ねじり）は休むことなく、まろやかに連綿と続いていきます。

24式太極拳

07式

左《ズオ》攬《ラン》雀《チュエ》尾《ウェイ》

08式

右《ヨウ》攬《ラン》雀《チュエ》尾《ウェイ》

zuo lan que wei

07 左攬雀尾《ズオランチュエウェイ》

孔雀の尾の形をつくって防ぐ：左

体の前で両手を回した後、左方向からの攻撃を受け流すように封じ、孔雀の尾にも似た両手の構えで攻めに転じる動きです。

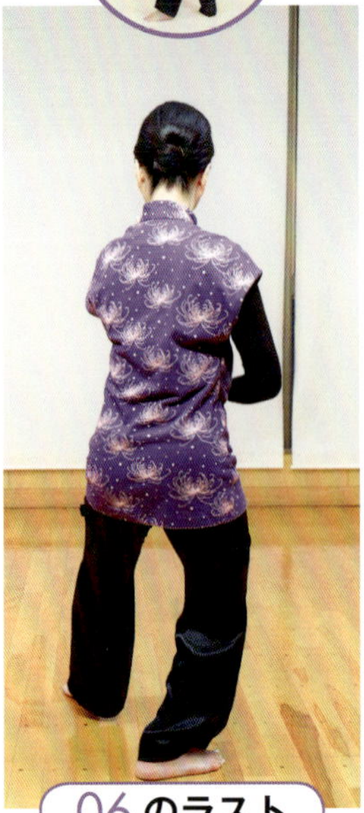

06のラスト

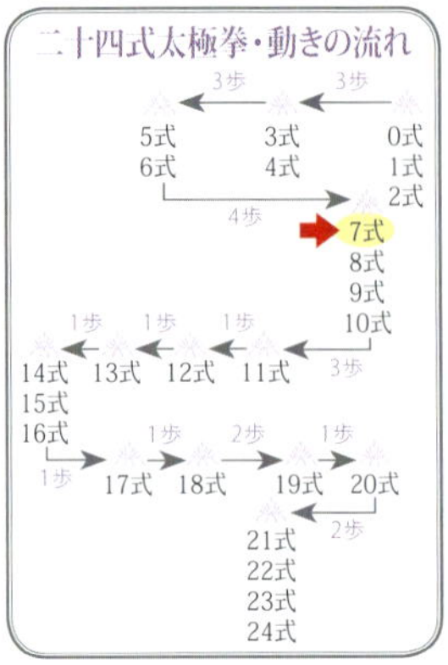

1

ボールを抱え 左足を寄せる

腰を右に回しながら右手を上、左手を下に回しボールを抱える形にしていき、左足を寄せます。

2

左足を踏み出し 左手を前へ

腰を左に回し、左足をかかとから踏み出して重心を移しながら、左手のひらを内側に向けて前へ伸ばしていきます。右手は下に向けて腰のわきへ。

3

右手を胸の前に上げる

左手のひらを下向きにし、右手は胸の前に上げ、両手をそろえるようにします。

4

重心を移しながら両手を回す

右足に重心を移しながら両手を左から胸の前に回し寄せ、さらに重心を左足に移しながら右から前方へと回します。

5

両手でボールを抱える

左手を上に正面で小さなボールを抱える形にします。

6

右手を上げ左手を胸の前へ

重心を右足に移し腰を右に回しながら、弧を描くように右手を肩の高さまで上げ、同時に左つま先を上げます。左手は胸の前へ。

7

腰を左に回し右手を右耳横へ

腰を左に回しながら右手を右耳横へ。左手のひらは右手の方に向けます。

8

両手を交差させ前に押し出す

重心を左足に移しながら右手を左手に（手首のあたりで）交差させるように軽く合わせ、両手を前へ押し出していきます。

9

両手を引き寄せ下ろす

両手の交差をほどき、右足に重心を移しながら両手を下向きに胸の前に引き寄せ、そのまま下ろします。

10

両手を押し出す

重心を左足に移しながら両手を前に押し出します。8～10の左足、右足、左足への重心移動をしっかり行いましょう。

動きのポイント

6で右方向に引くとき、右手を開きすぎないようにしましょう。7で両足の位置が安定しないときは、つま先、あるいはかかとの位置を調整しましょう。右ひざは（内側に入れず）右足先と同じ方向に向けましょう。

you lan que wei

08 右攬雀尾《ヨウランチュエウエイ》

孔雀の尾の形をつくって防ぐ：右

7式とは逆に右方向からの攻撃を受け流すように封じ、孔雀の尾にも似た両手の構えで攻めに転じる動き。

07のラスト

1

2

1 腰を右に回す

重心を右足に移しながら左つま先を上げ、腰を右に回していきます。

2 ボールを抱え右足を寄せる

左つま先を正面に向けて下ろし、右手は右から下へ回してボールを抱える形にしながら、左足に重心を移して右足を寄せ、つま先をつけます。

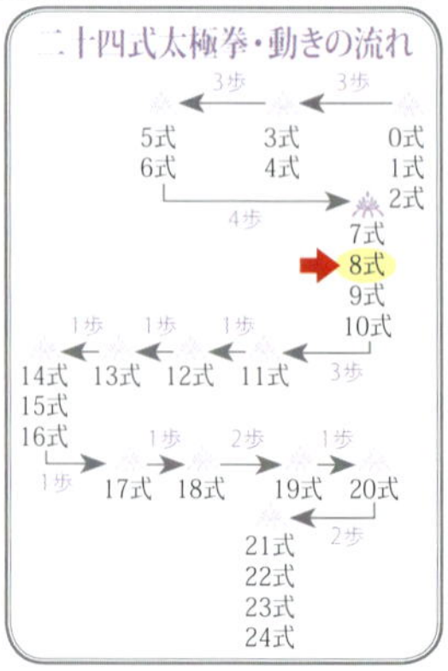

3

右足を踏み出す

腰を右に回し、右足をかかとから踏み出します。

4

右手を前へ伸ばす

右足に重心を移しながら、右手のひらを内側に向けて前へ伸ばしていきます。左手は下に向けて腰のわきへ。

5

左手を胸の前に上げる

右手のひらを下向きにし、左手は胸の前に上げていき、両手をそろえるようにします。

6

重心を移しながら両手を回す

左足に重心を移しながら両手を右から胸の前に回し寄せ、さらに重心を右足に移しながら左から前方へと回します。

7

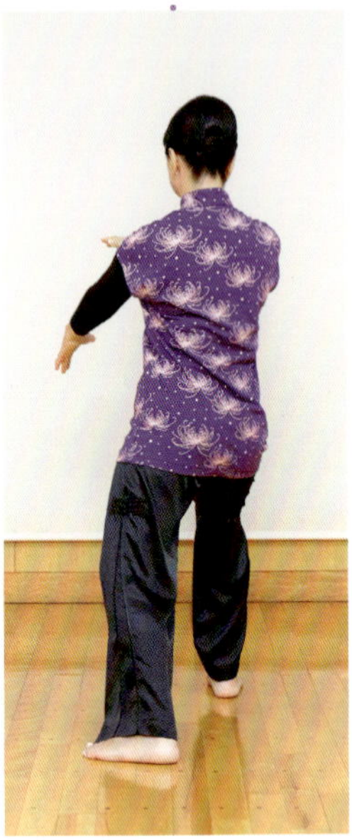

**両手で
ボールを抱える**

右手を上に正面で小さいボールを抱える形にしていきます。

8

**左手を上げ
右手を胸の前へ**

重心を左足に移し、腰を左に回しながら弧を描くように左手を肩の高さまで上げ、同時に右つま先を上げます。右手は胸の前へ。

9

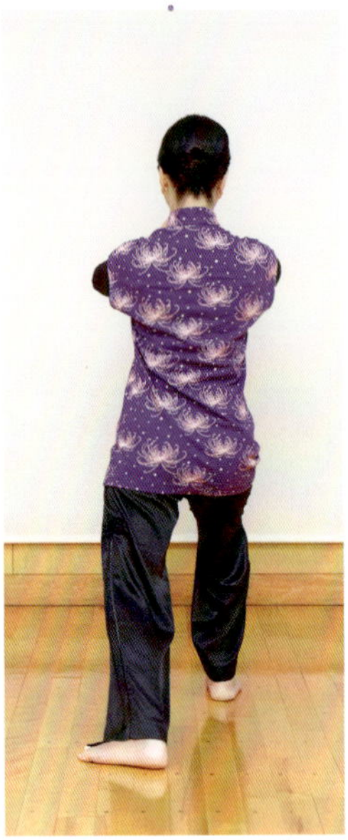

**腰を右に回し
両手を押し出す**

腰を右に回し重心を右足に移しながら、左手を右手に（手首のあたりで）交差させるように軽く合わせ、両手を前へ押し出していきます。

10

**両手を
引き寄せる**

両手の交差をほどき、左足に重心を移しながら両手を下向きに胸の前に引き寄せます。

11

両手を下ろす

両手を腰のあたりまで下ろします。顔をうつむけたり、前かがみになったりしないようにしましょう。

12

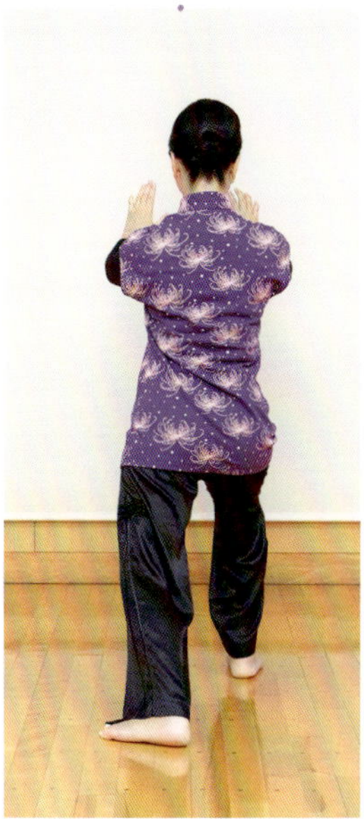

両手を押し出す

重心を右足に移しながら両手を前に押し出します。9～12の右足、左足、右足への重心移動をしっかり行いましょう。

動きのポイント

7式や8式は、歩を進めずに相手の攻撃を封じたり攻めたりする動きになります。パワーを発揮するためには、重心移動や腰の回転、体幹から肩、腕への力の伝達などが重要です。体の軸から動くことを心がけましょう。

LESSON 5

八段錦

第五段錦

揺頭擺尾去心火《ヤオトウバイウェイチュイシンフォ》 ▶P42

稽古要諦

09 主宰於腰《ジュウザイユィヤオ》

腰が中心となること。腰がすべての動きの中心となります。腰がゆるみ頭頂が引き上げられた状態を保つことで、体の軸が安定します。なお、「腰」は腰椎周囲の背部（ウエストの背中側）を指します。腹筋や背筋などが重なっている部位であり、体幹の屈伸や旋回等に重要な役割を持っています。

10 中正円転《ジョンジェンユエンジュアン》

体の軸をまっすぐにすることで円の動きとなること。軸がぶれなければ動きの中心となる腰の旋回（ひねり）もスムーズになり、手足への力の伝達も効率よく行えます。

24式太極拳

09式

単鞭《ダンビエン》

10式

雲手《ユンショウ》

dan bian

09 単《ダン》鞭《ビエン》

ひとえむち

左手をムチのようにのびのびと押し出していきます。右手は鈎手を保ちます。バランスのとれた美しい動きです。

08 のラスト

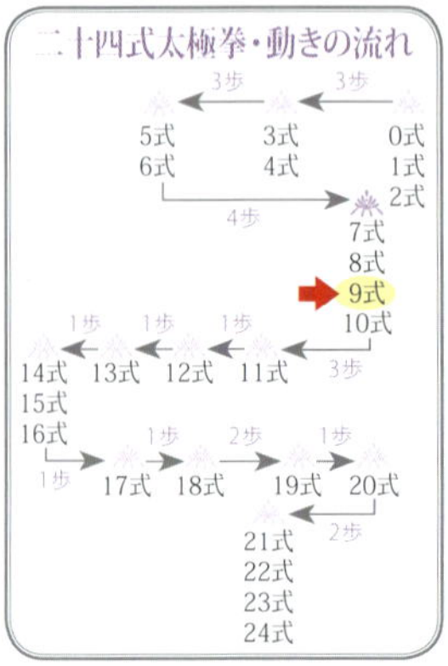

1

体を左に回す

左かかとを内側に入れ、左足に重心を移しながら体を左に回していきます。両手が斜め後ろに達するまで大きく回しましょう。

2

右手を鈎手に 左足を寄せる

右つま先を内側に入れ、右足に重心を移しながら右手を右肩前に上げて鈎手にし、左足を寄せてつま先をつけます。左手は右胸の前へ。

3

左足を踏み出し 左手を顔の前へ

腰を左に回しながら左足をかかとから踏み出します。左手は内側に向けて顔の前へ。右手は鈎手のままにします。

4

左手を押し出す

左足に重心を移しながら左手のひらを返して親指を鼻先に向け、さらに左手を前に向けて押し出します。右手は鈎手を保ちます。

動きのポイント

3では左手の親指が鼻の方向を向いていますが、4にかけて次第に外側へと返していきます。手のひらの小指サイドをを意識し、ひじを起点に翻すように押し出していくと、太極拳らしい動きになります。

yun shou

10 雲《ユン》手《ショウ》

雲のように手を動かす

手をゆるやかに動かし体の前180度を防御しながら、横へ2歩分進みます。軽やかな印象を与える動きです。

09のラスト

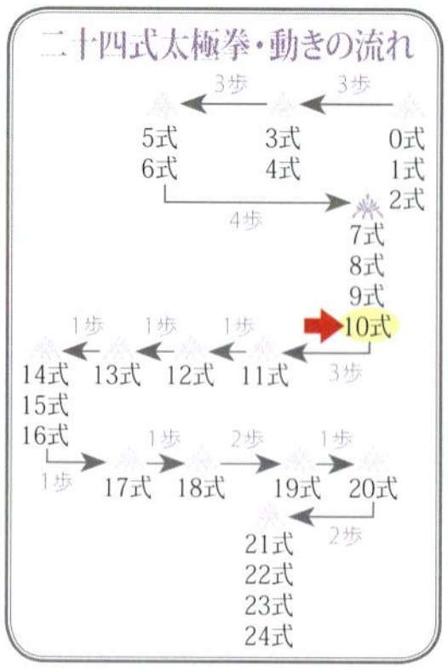

1

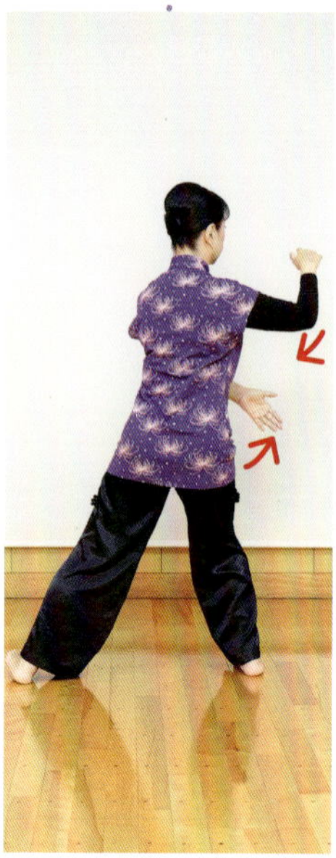

右足に重心を移しながら左手を左へ

右手の鈎手をほどき、重心を右足に移しながら腰を右に回していき、左つま先を上げ、左手はウエストの高さから右へと回します。

2

左右の手を左へ回す

左つま先を正面に向けて下ろし、徐々に左足に重心を移し腰を左に回しながら、左右の手を左へ回していき、右かかとを上げます。

3

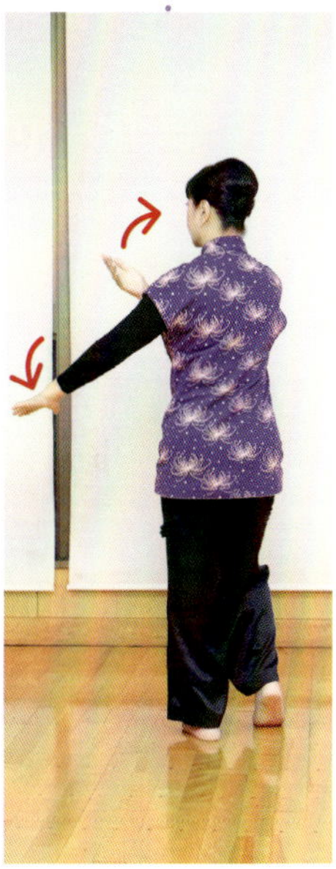

右足を寄せ 左手を下へ

右つま先を寄せながら左手のひらを下向きに下ろし、右手は上へ。左手は相手を払い落とす動きなので下に向けて下ろしましょう。

4

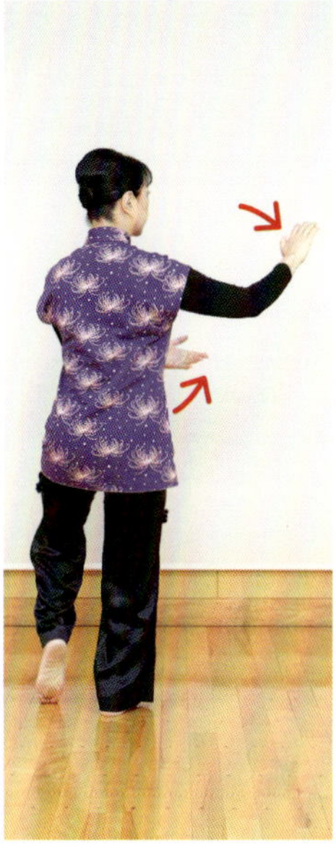

左右の手を 右へ回す

右足に重心を移し腰を右に回しながら、左右の手を右へ回していき、左かかとを上げます。

5

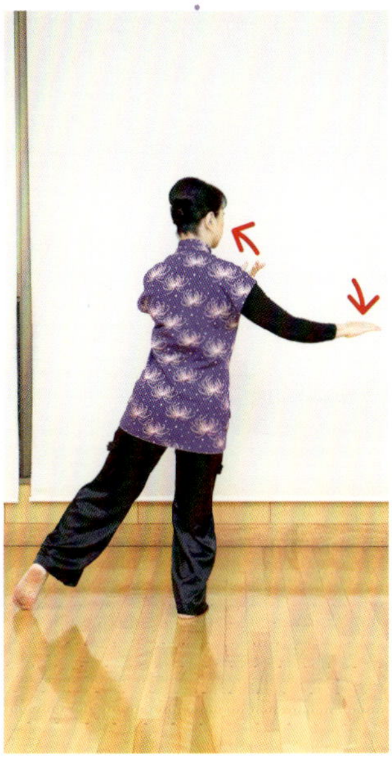

左足を横へ 右手を下へ

左足を左横へ踏み出しながら、右手のひらを下向きに下ろし、左手は上へ。右手は相手を払い落とす動きなので下に向けます。

6

左右の手を 左へ回す

左足に重心を移し腰を左に回しながら、左手と右手を左へ回していき、右かかとを上げます。

7

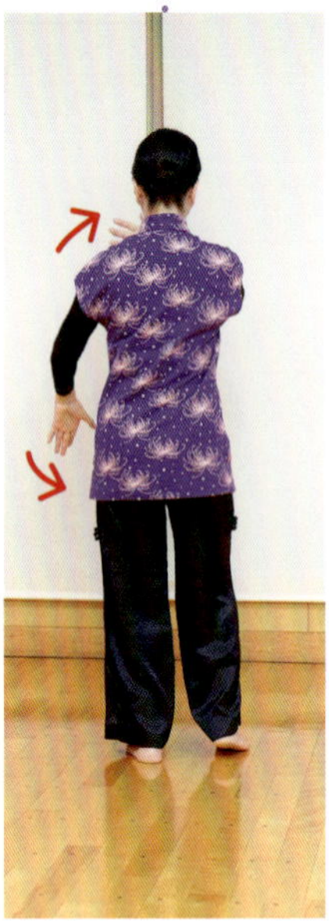

右足を寄せ
左手を下へ

右足を寄せ腰を右に回しながら左手のひらを下向きに下ろし、右手は上へ。

8

左右の手を
右へ回す

右足に重心を移し腰を右に回しながら、左右の手を右へ回していき、左かかとを上げます。

9

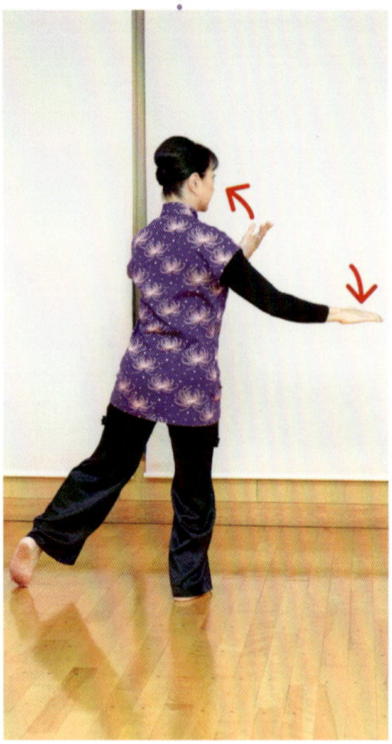

左足を横へ
右手を下へ

左足を左横へ踏み出しながら、右手のひらを下向きに下ろし、左手は上へ。

10

左右の手を
左へ回す

左足に重心を移し腰を左に回しながら、左右の手を左へ回していき、右かかとを上げます。

11

右足を寄せる

右足を寄せてつま先をつけ、腰を右に回しながら右手を上へ。左手は下へ。

12

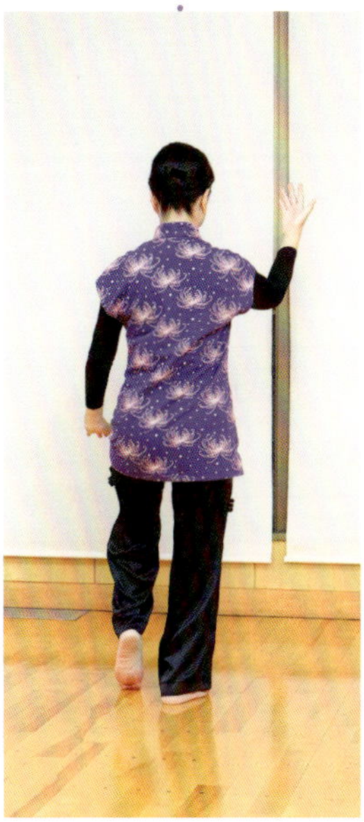

右手を上げる

右足に重心を移しながら右手は右肩の前方上へ。左手は手のひらを下向きに腰のわきへ下ろします。

動きのポイント

腰の回転と目線の動きが重要です。原則として重心を移していく足（実歩）の方向に腰を回し、目線を向けます（水平方向の移動）。円を描く両手の動作は、腰の回転と連動させ、手だけの動きにならないようにしましょう。

LESSON 6

八段錦

第六段錦

両手攀足固腎腰《リァンショウバンズーグーシェンヤオ》 ▶P44

稽古要諦

11 尾閭中正《ウェイリュジョンジェン》

尾骨をまっすぐにすること。「尾閭」は尾骨を指します。脊椎の下端であり骨盤の軸ともいえる尾骨をまっすぐにすることで脊椎の土台を安定させます。また同時に腰はゆるめて足裏(湧泉)をしっかり地につけ、頭頂(百会)を天に向けることも大切です。

12 源動腰脊《ユエンドンヤオジー》

動きの源は腰椎であること。腰椎は5つの椎骨からなり、太極拳でいう「腰」の位置にあたります。太極拳では中心である腰の動きが手足の末端へと伝えられ、体全体のまろやかな、流れるような動きとなります。日常的な手足の動作とは異なることを理解しましょう。

24式太極拳

11式

単鞭《ダンビエン》

12式

高探馬《ガオタンマー》

dan bian

11 単《ダン》鞭《ビエン》

ひとえむち

9式の「単鞭」をもう一度行います。左手をムチのように押し出します。右手首はふんわりと鈎手を保ちます。

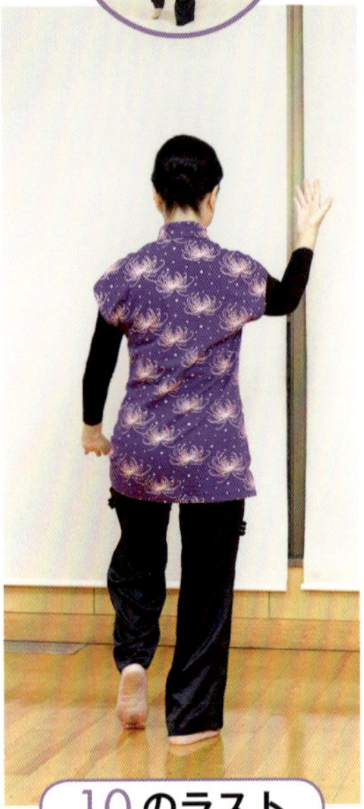

10のラスト

1

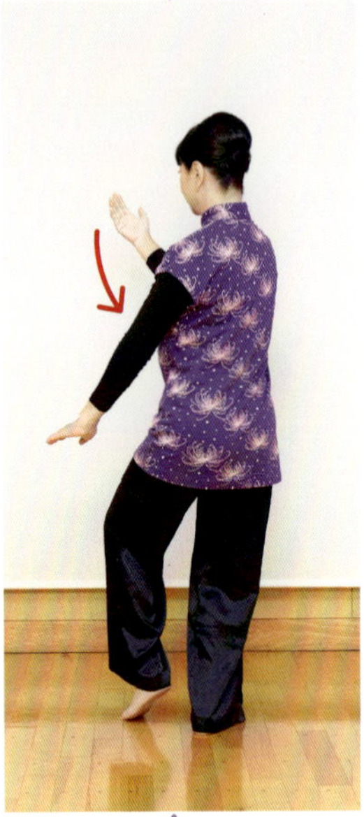

腰を左に回す

左足つま先立ちのまま、腰を左に回しながら右手を左から下に回し、腰を右に回しながら右手を下から上に回していきます。

2

右手を鈎手にする

右手を鈎手にします。右肩を上げずに、ひじにゆとりを持たせ、手首が山になるように右手首の余分な力を抜きましょう。目線は鈎手の向こうへ。

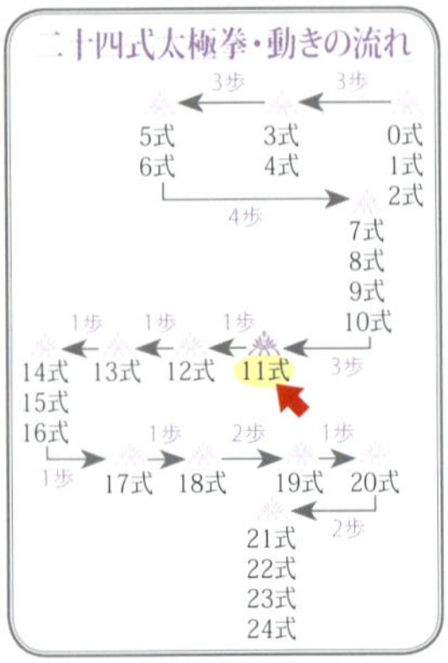

3

左手を寄せる

さらに腰を少し右に回しながら左手を右胸の前に寄せます。

4

左足を踏み出し左手を顔の前へ

腰を左に回しながら左足をかかとから踏み出します。左手は内側に向けて顔の前へ。右手は鈎手のままにします。

5

左手を押し出す

左足に重心を移しながら左手のひらを返して親指を鼻先に向け、さらに左手を前に向けて押し出します。右手は鈎手を保ちます。

動きのポイント

武術的に鈎手は手首で相手のあご下を打つ動き。手首を山形にしましょう。3～5で腰を左に回していきます。5で右かかとを少し外側に回すと、安定しやすくなります。

gao tan ma

12 高探馬《ガオタンマー》

高所から相手の様子を探る

高所から偵察兵＝探馬が敵の様子を探る動き。あぶみに片足をかける動きとも。片足立ちで遠方を覗く動きをします。

11 のラスト

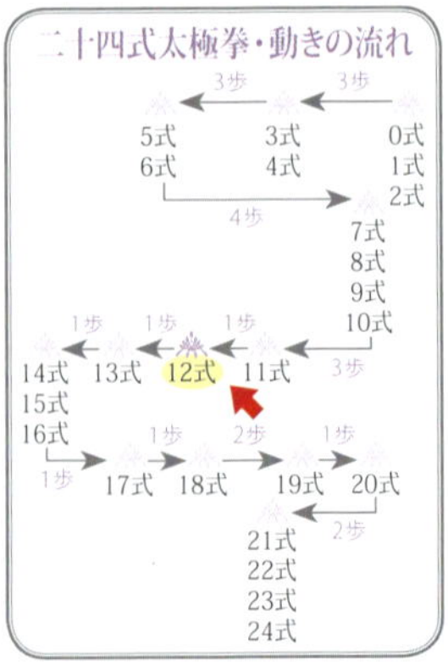

1

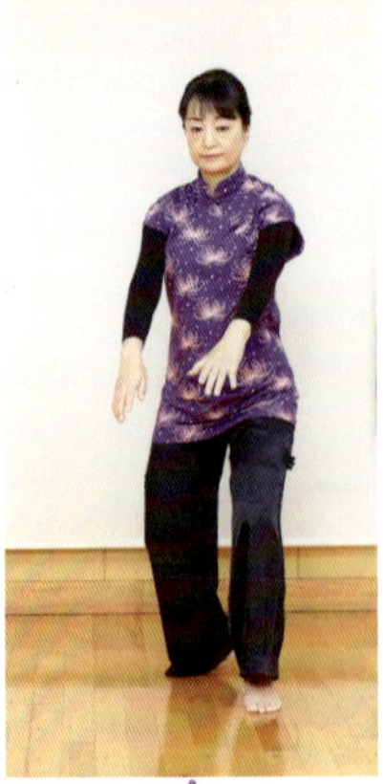

右足を半歩寄せる

右手の鈎手をほどき、右足を半歩寄せてつま先をつけ、両手を体の前に下ろします。

2

両手を左右に開く

重心を右足に移し腰を右に回しながら胸の前で両手を返し、左右に開きます。目線は右手の向こうに向けます。

3

右手を突き出し 左手を引く

腰を左に回しながら右手を右耳横から、手のひらを下向きに指先から前に突き出し、左手を肋骨下くらいの高さに引き寄せます。

4

左手を突き出し 両手を交差させる

腰を右に回しながら左手を上向きのまま前に突き出し、右手首の上あたりで交差させます。

5

両手を離し 左足を上げる

左手を下に向けて両手を左右に少し開きながら左足を上げます。右足はピンと伸ばしきらず、股関節やひざにゆるみを持たせましょう。

動きのポイント

5では虚実をはっきりすることが大切。右足（実）のひざを少しゆるめ、足裏に体重をしっかりのせて体の軸を意識します。左足（虚）はつま先を自然に下げ、ひざから下をつり下げるつもりで立ちましょう。

八段錦

第七段錦

攢拳怒目増気力《ザンチュエンヌームーゼンチーリー》 ▶P46

稽古要諦

13 含胸抜背《ハンションバベイ》

胸はゆったりと、背中はのびのびとさせること。胸は息を吸えばさらに膨らむような余裕を持たせた状態にしておきます。背中はムダな緊張をほどいて上下に伸びやかに。武術的にも望ましい姿勢であり、また深くゆったりとした呼吸がしやすくなります。

14 脊貫四梢《ジグァンスシアオ》

背骨を貫き、手足の先まで伝わること。太極拳では腰から発した動きが体幹（脊椎）に伝わり、四肢の末端へと達するように動きます。体幹部をしっかり意識し、背骨を軸に動きや気が手足の先、体のすみずみにまで伝わり流れていくようにイメージして行ってみましょう。

24式太極拳

13式

右蹬脚《ヨウドンジャオ》

14式

双峰貫耳《シュアンフォングァンアール》

you deng jiao

13 右蹬脚《ヨウドンジャオ》

右足を蹴り出す

左片足で立ち、右足を蹴り出します。両手をクロスさせて引き上げ、左右に開く動きとともに行います。

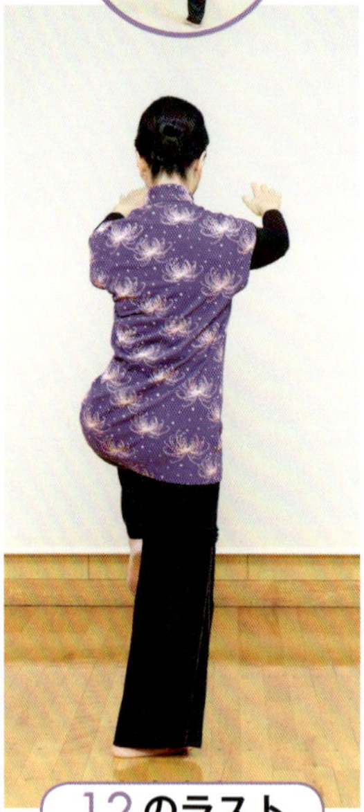

12のラスト

1

左足を下ろす

左足を斜め前に下ろします。

2

両手を下ろす

左足に重心を移しながら弧を描くように両手を下ろしていき、腰の前で手のひらを上に向けはじめます。

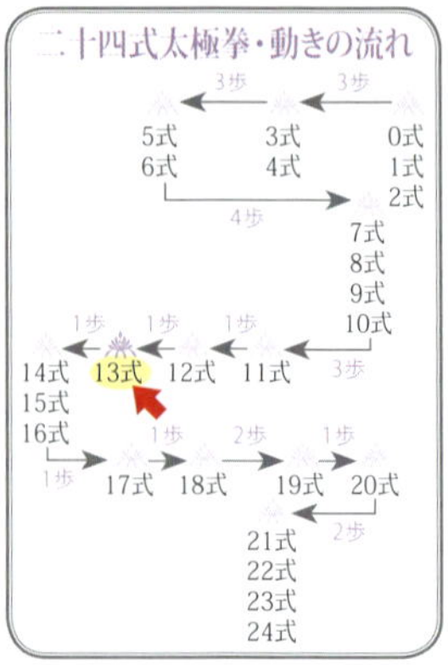

3

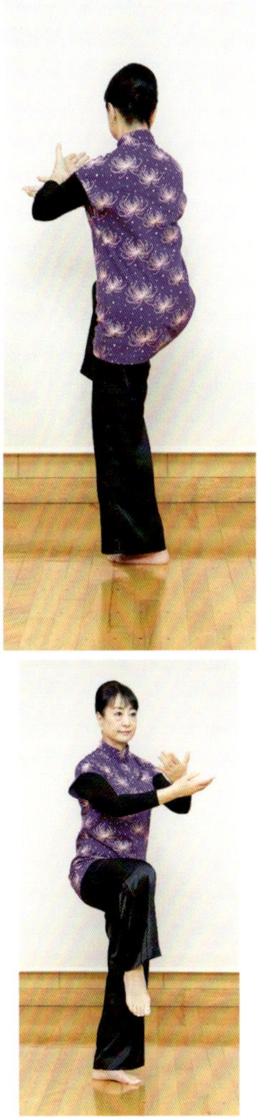

両手と右足を上げる

お腹の前で右手を下に両手を交差させ、胸の前まで上げながら、右足も上げていきます。

4

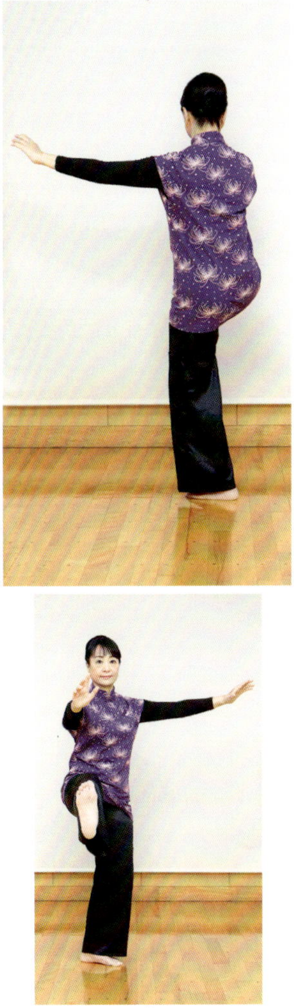

両手を開き右足を蹴り出す

右手を右足と同じ方向に、左手を左横に開きながら、右足をかかとから蹴り出します。

動きのポイント

右足を上げることばかり意識すると、フラつきやすくなります。左の軸足をしっかり決める（体重をのせる）→右足が股関節のあたりから自然に上がっていく→かかとが前に出るという流れで行ってみましょう。

shuang feng guan er

14 双《シュアン》峰《フォン》貫《グアン》耳《アル》

相手の両耳を攻める

「双峰」は両手の拳を表しています。急所といわれる耳を攻める動きをします。腕、手首、拳の特有の動きを学びましょう。

13のラスト

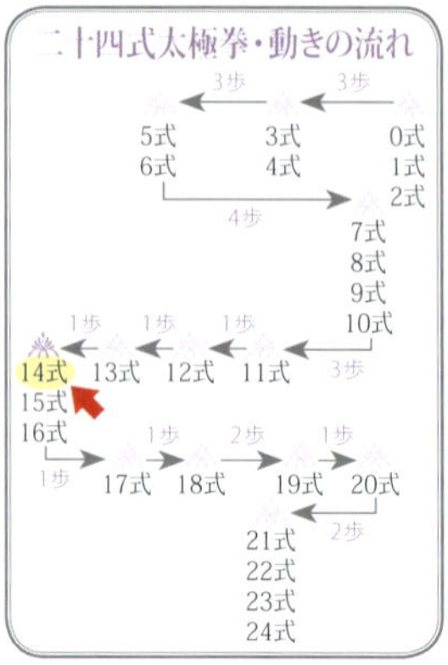

1

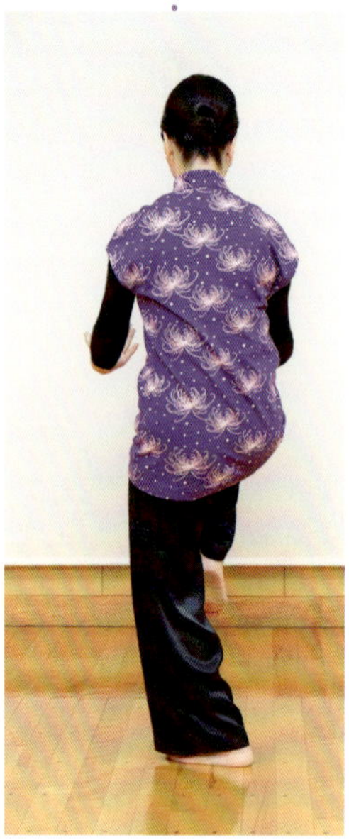

右足先を下ろし両手を下ろす

腰をやや右に回しながら踏み出した右足先を下ろし、両手のひらを上に向けて右膝の両わきに下ろしていきます。

2

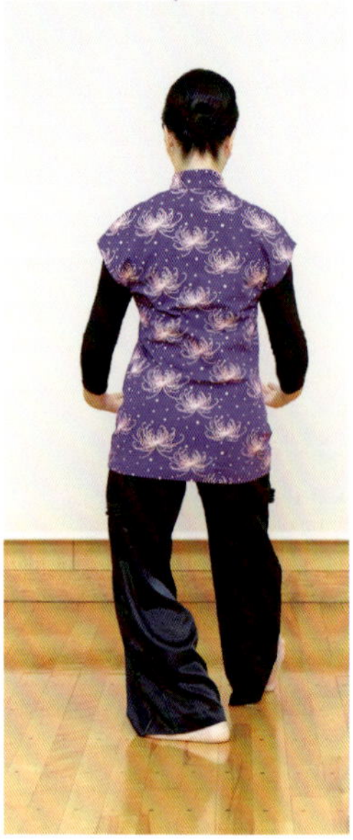

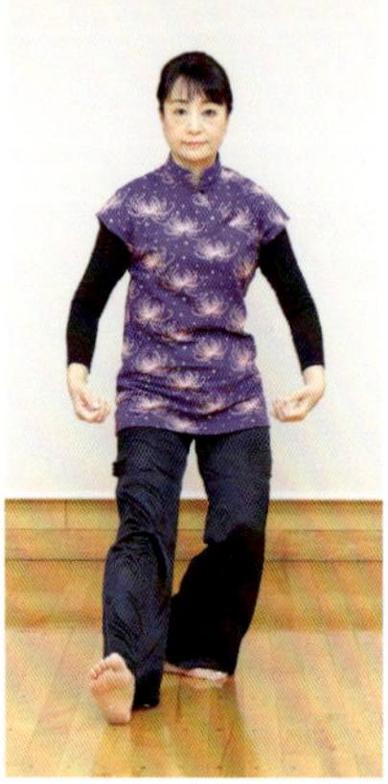

右足を踏み出す

両手のひらを上向きに腰のあたりまで下ろしながら、右足をかかとから踏み出します。

3

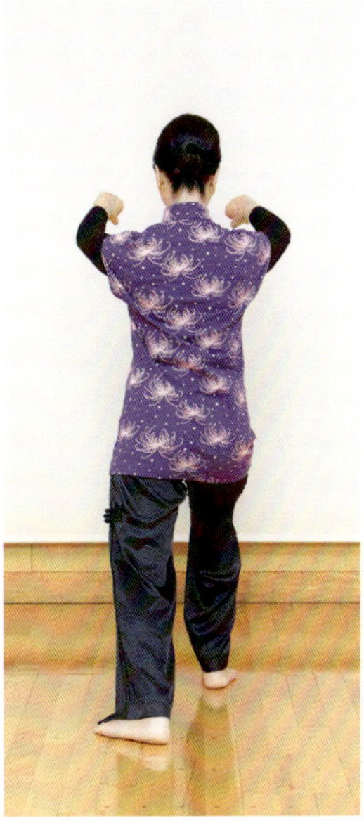

両拳を突き出す

右足に重心を移しながら、両手で拳を握り、手の甲を内側に向けるように返しながら左右から弧を描くように前方へ、はさみ込むように突き出していきます。

動きのポイント

1ではひじが屈曲し（手首も自然にやや屈曲し）、2ではひじが伸展しはじめ（前腕・手首が内側に回りはじめ）、3では拳面（パンチを繰り出す面）で相手の耳を打ちます。2から3にかけて両手を後ろに大きく振り回さないようにしましょう。

LESSON 8

八段錦

第八段錦

背后七顛百病消《ベイホウチーディェンバイビンシァオ》 ▶P48

稽古要諦

15 虚領頂勁《シェリンディンジン》

首筋の力が抜け、頭頂は上へと伸びていること。頭頂にある百会のツボが一本の糸で上から引き上げられているような感覚を持つことが大切です。頭部がまっすぐに保たれ、バランス能力を発揮しやすくなります。また無念無想であることによって、自分の体の中の流れ、繊細な動きがとらえられるようになります。

16 三尖六合《サンジェンリウホ》

「三尖」は手先、足先、鼻先が大部分の動作では同じ方向を向くこと。「六合」は内面の精・気・神を合わせ、また外面の肩と股関節・ひじとひざ・手と足の配置や動きを整えること。

24式太極拳

15式

転身左蹬脚《ジュアンシェンズオドンジャオ》

16式

左下勢独立《ズオシャアシードゥリー》

zhuan shen zuo deng jiao

15 転《ジュアン》身《シェン》左《ズオ》蹬《ドン》脚《ジャオ》

転身して左足を蹴り出す

13式では右足を蹴り出し、この15式では左足を蹴り出します。右から左へと向きを変えてから蹴り出します。

14のラスト

1

2

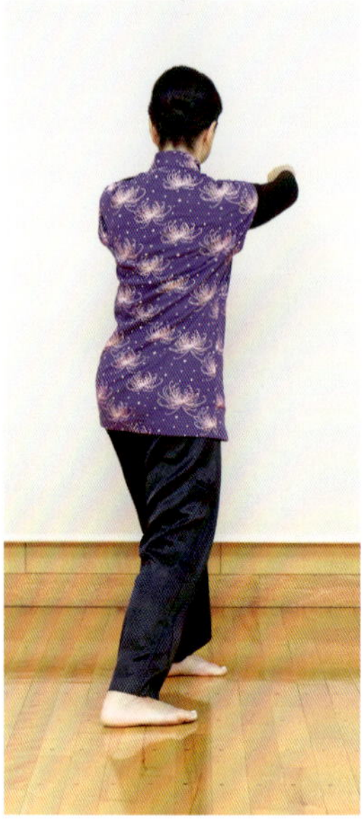

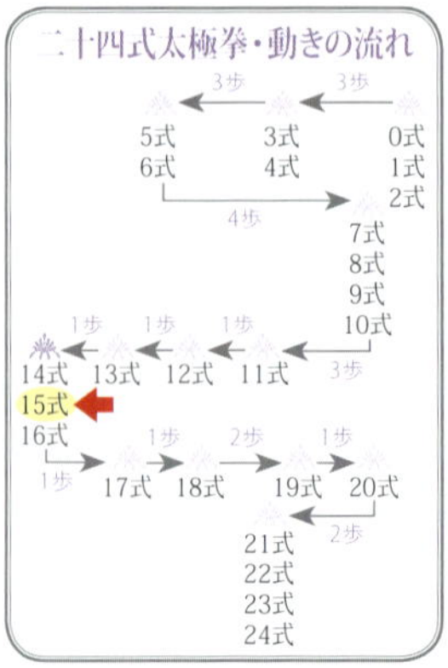

1 体を左へ回す

左かかとを上げて左つま先を軸に内側に入れ、かかとをつけます。同時に体を左に回しながら、重心は右足から左足へと移していきます。

2 さらに体を左へ回す

右かかとを軸に右つま先を内側に入れながら、さらに体を左に回していき、右つま先をつけます。

3

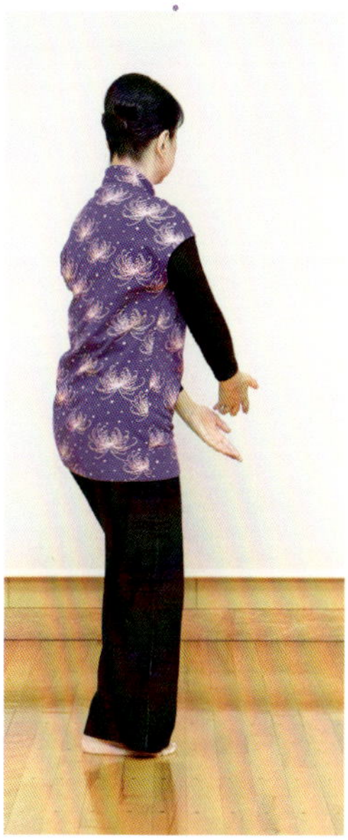

両手を下ろす

右足に重心を移しながら弧を描くように両手を下ろしていき、腰の前で手のひらを上に向けはじめます。

4

両手と左足を上げる

お腹の前で左手を下に両手を交差させ、胸の前まで上げながら、左足も上げていきます。

5

両手を開き左足を蹴り出す

左手を左足と同じ方向に、右手を右横に開きながら、左足をかかとから蹴り出します。

動きのポイント

1では左足に重心をのせて、左へと体を回します。両腕で上体を回さないようにしましょう。重心の移動をしっかり行えば、体の前後、左右、上下の調和がとりやすくスムーズに回転できます。

16 左下勢独立《ズオシャアシードゥリー》

低い姿勢からの片足立ち：左

低い姿勢から体の左方向に上体を運び、体を起こして片足立ちになります。重心移動の大きな一連の動きです。

15のラスト

1

左足を下ろし右手を鉤手にする

左足を下ろしてつま先をつけ、腰を右に回しながら右手を右肩前で鉤手にし、左手を右肩前に寄せます。

2

左足を横に踏み出す

左足を横に大きく踏み出します。右かかとと左つま先のラインがそろうくらいの位置に左足をつけましょう。腰を落とした状態で上体をやや左に向けます。

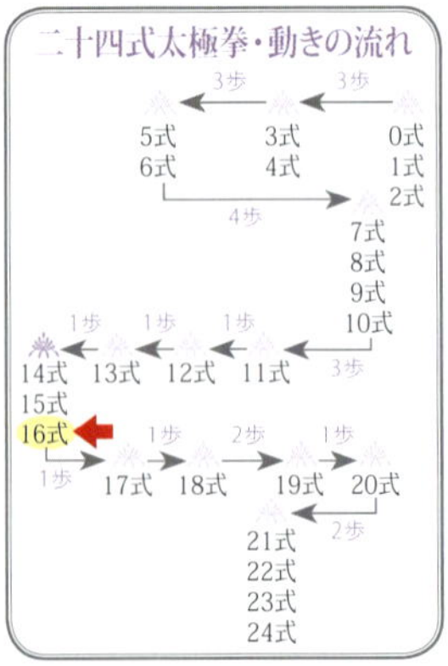

3

上体を前に運ぶ

①左つま先を外側に回し重心を左足に移しながら、上体を前に運んでいきます。左手は下から前へ、右手は下から後ろへ回していきます。

4

上体を起こす

②右つま先を内側に回しながら上体を起こしていき右手を鈎手にします。③続けて左つま先を少し外側に向けます。

5

右足を上げる

左足に重心をかけながら右足を引き寄せ、上げていきます。右手は鈎手をほどいて前へ、左手は手のひらを下に向けて腰の横へ。

動きのポイント

無理に姿勢を低くしようとすると、かえってうまくいきません。2右足に重心をしっかりのせる→上体を左に向ける→3左つま先を開いて重心を移動する…というように、重心移動をきっちり行っていくのがコツです。

LESSON

9

稽古要諦

17 呼吸自然《フーシーズーラン》

呼吸は自然にまかせること。体の動きにのっとった自然な呼吸をしましょう。ゆったりとした腹式呼吸で、原則として鼻で呼吸します。太極拳のゆっくりした動きは深い呼吸につながります。深い呼吸は心を落ち着け、また丹田を充実させます。

18 速度均匀《スゥドゥジュンユン》

速度にムラがないこと。「均匀」はムラがない、平均されているの意。太極拳の動きは、日常動作からかけ離れた超スローモード。特に初心者はどの動作もゆっくり行う意識を持ち、動きにムラができたり途切れたりしないように心がけましょう。

24式太極拳

17式

右下勢独立《ヨウシャアシードゥリー》

18式

左右穿梭《ズオヨウチュアンスオ》

zuo xia shi du li

17 右下勢独立《ヨウシャアシードゥリー》

低い姿勢からの片足立ち：右

16式では体の左方向へ、この17式では右方向へ、低い姿勢から片足立ちへと進めていきます。

16のラスト

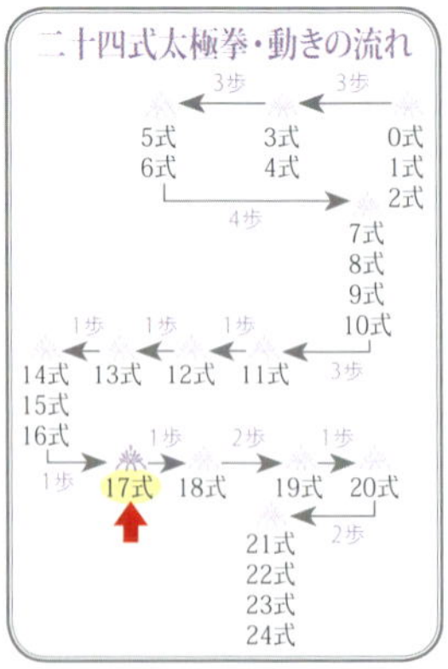

1

右足を下ろし左手を鈎手にする

右足を下ろしてつま先をつけ、腰を左に回しながら左手を左肩前で鈎手にし、右手を左肩前に寄せます。

2

右足を横に踏み出す

右足を横に大きく踏み出します。左かかとと右つま先のラインがそろうくらいの位置に右足をつけましょう。腰を落とした状態で上体をやや右に向けます。

動きのポイント

5では、単に下ろすだけのこととして右手のことを忘れがちですが、バランスをとるのにこの右手はとても重要です。右手のおさえがあって左足を上げることができ、上体を起こすことができます。

5

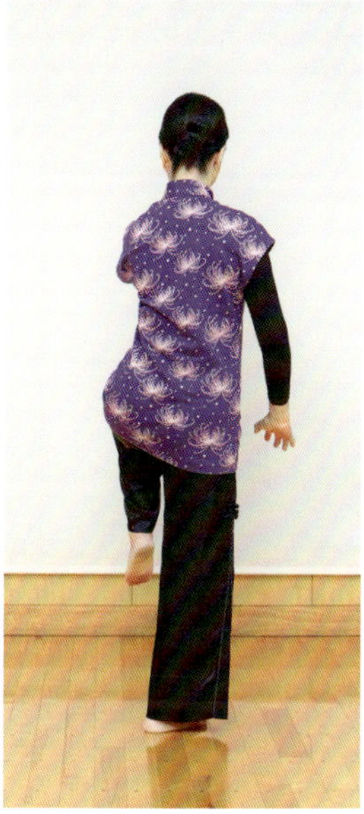

左足を上げる

右足に重心をかけながら左足を引き寄せ、上げていきます。左手は鈎手をほどいて前へ、右手は手のひらを下に向けて腰の横へ。

4

上体を起こす

②左つま先を内側に回しながら上体を起こしていき左手を鈎手にします。③続けて右つま先を少し外側に向けます。

3

上体を前に運ぶ

①右つま先を外側に回し重心を右足に移しながら、上体を前に運んでいきます。右手は下から前へ、左手は下から後ろへ回していきます。

zuo you chuan suo

18 左《ズオ》右《ヨウ》穿《チュアン》梭《スオ》

機織りの動き

「梭」は布を織るときに横糸を通す道具。左右に手を押し出す動きを機織りの動きになぞらえています。

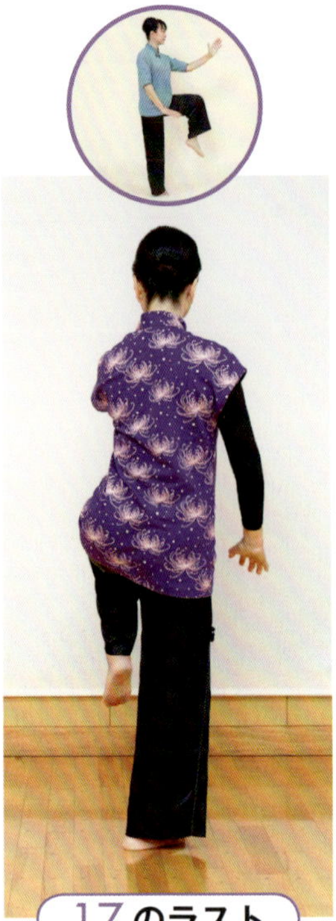

17 のラスト

1

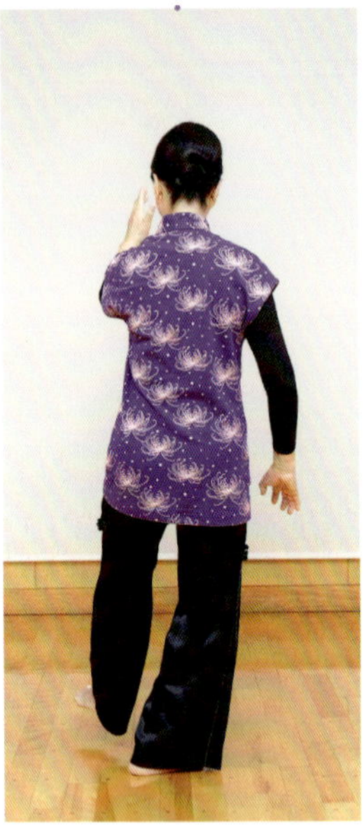

左足を下ろす

左足を左斜め前に、かかとから下ろします。

2

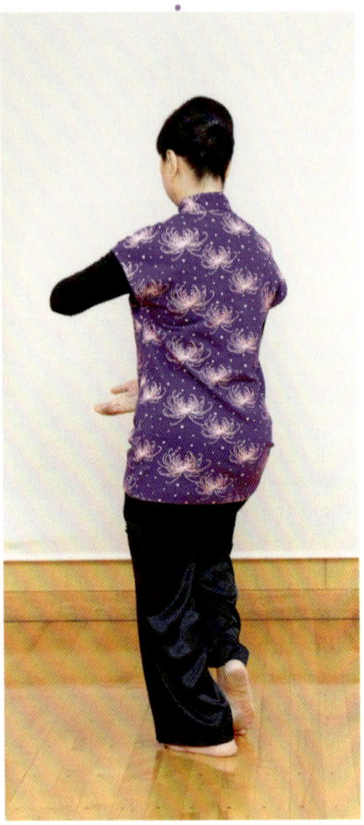

右足を寄せ
ボールを抱える

左足に重心を移しながら右足を寄せはじめ、左手は下向きに、右手は体の前へ、ボールを抱える形にしながら右つま先を寄せます。

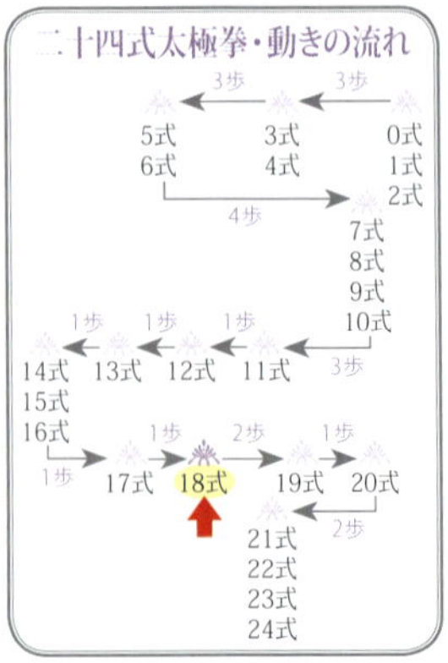

3

右足を踏み出し 右手を上げる

腰を右に回しながら右斜め前に右かかとから踏み出し、右足に重心を移しながら右手は下から弧を描くように額の前へ、左手は胸のわきあたりから前へ。

4

左足を寄せる

左足を寄せながら、右手を上に再びボールを抱える形にします。

5

左足を踏み出し 左手を上げる

腰を左に回しながら左斜め前に左かかとから踏み出し、左足に重心を移しながら左手は下から弧を描くように額の前へ、右手は胸のわきあたりから前へ。

動きのポイント

3で額を防御する右手は、払い上げる手でもあるので、手のひらを少し上向きにします。また、手を前に押し出す左側の肩が下がらないようにしましょう。目線は平らかに。5も同様です。

LESSON

10

稽古要諦

19 分《フェン》清《チン》虚《シュ》実《シ》

虚実をはっきり分けること。重心のかかっている足が実で、そうでない足が虚。虚から実へ、実から虚へと変化することで、転身や移動がスムーズに行えます。太極拳では体の真ん中で回転することはありません。

20 胯《クワ》与《ユイ》膝《シー》平《ピン》

左右の股関節と、左右のひざをそれぞれ水平にすること。上体を低くして片足を前に出すような動作では、曲げたひざが前に突き出たり、内側に入り込んだりすると痛める恐れがあります。股関節やひざの位置を意識することで、誤った体の使い方を防ぐことができます。

24式太極拳

19式

海《ハイ》底《ディイ》針《ジェン》

20式

閃《シャン》通《トン》臂《ベイ》

hai di zhen

19

海底針《ハイデイジエン》

海底の針をひろう

海底の針をひろう動きをします。片足立ちになってから、身をかがめます。

18のラスト

1

右足を半歩寄せる

右足を半歩寄せて右足に重心と移しながら、右手を右に開いていきます。

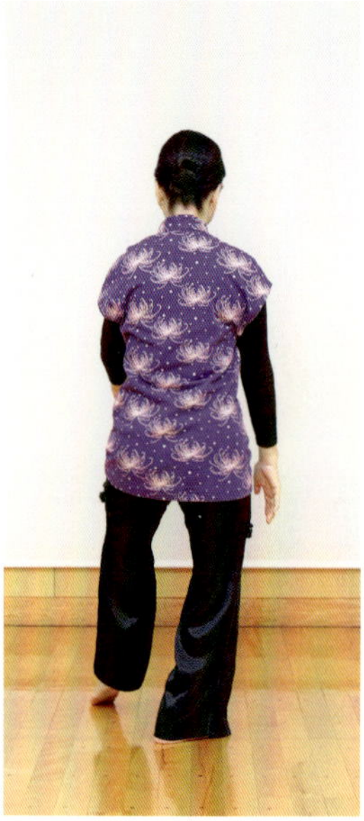

2

左右の手を下ろす

左右の手を自然に下ろします。

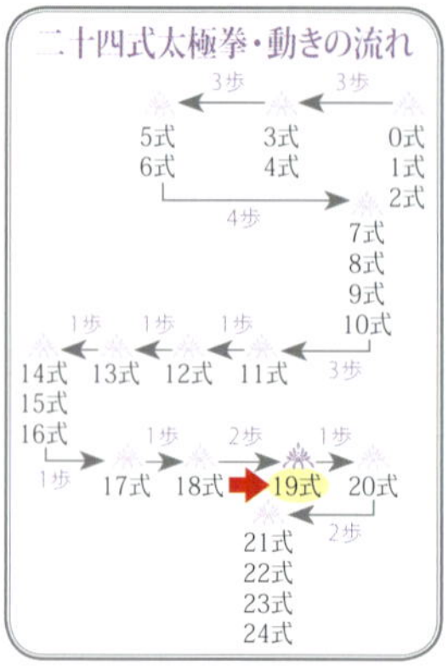

5

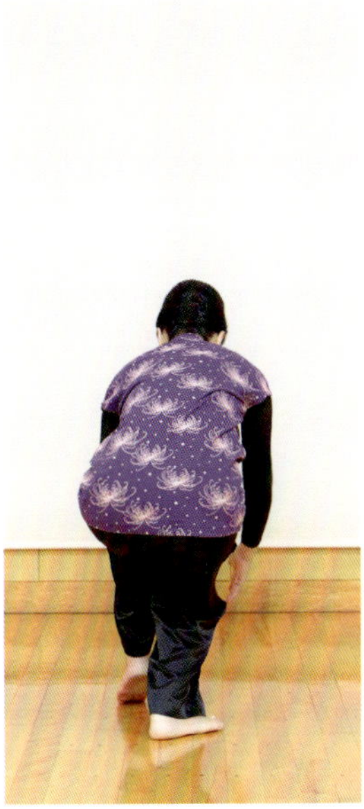

4

3

動きのポイント

5では両手だけでなく、体も連動して動く（落としていく）ようにします。針をひろうときは両手の間を肩幅くらいにして、頭を下げたり、逆にあごを上げたりしないようにしましょう。

両手を低く下ろす

右手を下ろしながら左つま先をつき、右ひざをゆるめながら前にかがみ、両手のひらを内側に向けて下ろしていきます。海底の針に左右から手を添えるイメージです。

右指先を下に向ける

3の姿勢を保ったまま、右手の指先を下に向けます。

右手と左足を上げる

右手を頭上に、さらに左足を上げていきます。右手は指先を上に向け、左手は手のひらを下に向けましょう。

shan tong bei

20 閃《シャン》通《トン》臂《ベイ》

肩から受け流す

両肩を一直線上にして（通臂）相手の攻撃を受け流す動き（閃）をします。中国拳法特有の受け技です。

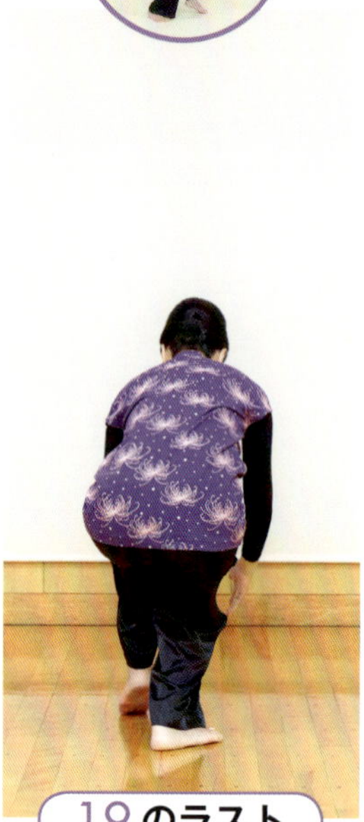

19のラスト

1

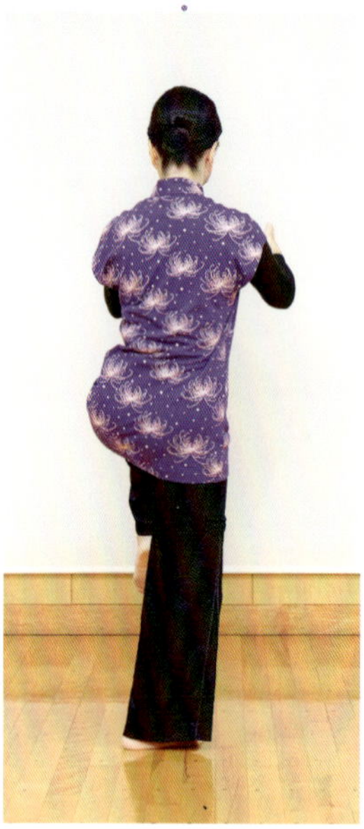

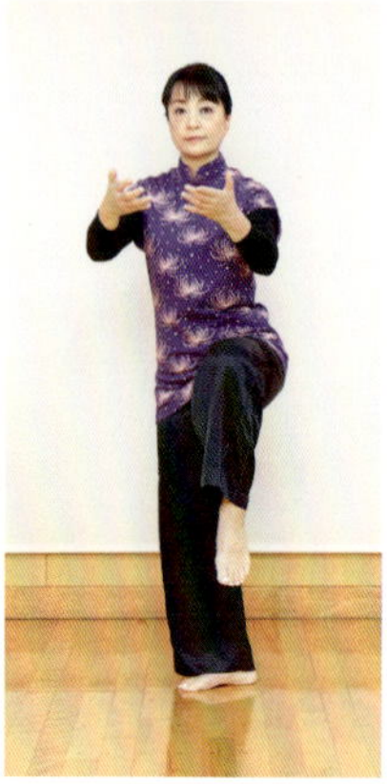

2

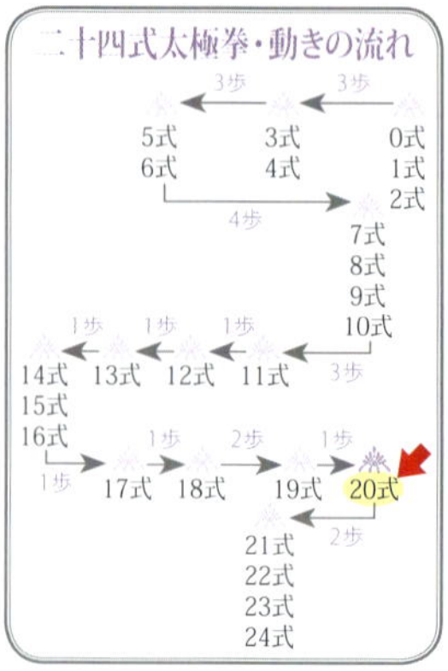

上体を起こす

両手は針を捧げ持った状態のままで、上体を起こしていきます。

左足を上げる

左足を上げていき、両手も胸の前まで上げていきます。

動きのポイント

4では右ひじを張らず、左手首をやわらかくして両肩のラインをそろえます。腰を少し左に回し、左わきを縮めない（前に倒さない）ようにします。左手は左ももの上に、右ひざは右足先の方向に向けます。

3

左足を踏み出す

左足をかかとから前に踏み出します。

4

左手を押し出し 右手を頭上へ

左手のひらを前に向けて押し出し、右手は手のひらを外に向けて額の前へ。重心は左足60%、右足40%くらいの割合です。

LESSON
11

稽古要諦

21 動中求静《ドンジョンチュウジン》

動の中に静を求めること。体は動いていても、心はどんな動きや技にもとらわれることなく、穏やかであろうとすること。また、静なる動きであっても、瞬時に力を発することができるような兆しを持って動くこと。

22 眼随手転《イエンソイショウジュアン》

目に随《したが》って手が転じること。視線の方向に向かって全身の動作が連動していくこと。眼の使い方の要点であり、これによって無駄のない緻密な動きが可能になります。初心者はまず、目と手の動きがばらばらにならないようにすることからはじめましょう。

24式太極拳

21式

転身搬攔捶《ジュアンシェンバンランチュイ》

22式

如封似閉《ルーフォンシービー》

21 転《ジュアン》身《シェン》搬《バン》攔《ラン》捶《チュイ》

転身して拳で打つ

zhuan shen ban lan chui

「転身」の後の3文字は拳を振り下ろす、相手をさえぎる、拳で打つという手法を表すもの。攻撃技が続きます。

20のラスト

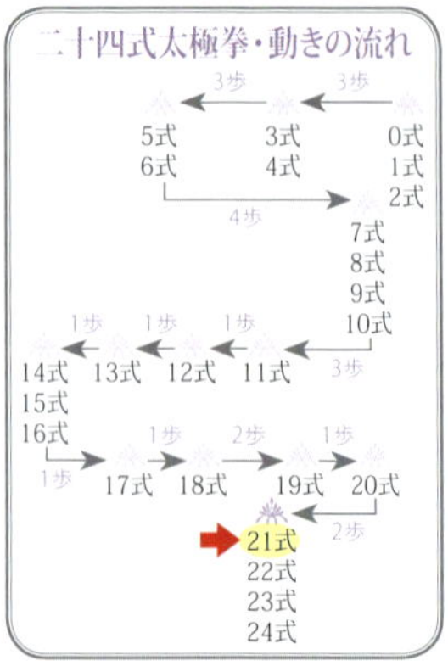

二十四式太極拳・動きの流れ

1

重心を右足に移す

重心を右足に移しながら体を右に回していき、左足はつま先を上げて内側に入れていきます。

2

右足を寄せ右手を拳に

左足に重心を移しながら右足を寄せていき、右手は弧を描くようにお腹の前に寄せながら拳を握ります。左手は拳をガードするようにその外側へ。

動きのポイント

3では右ひじの支点を定めて拳を振り下ろし、5では相手のわきを押す意識で左手を押し出し、6では拳を立てながら打ち出します。

3

右足を踏み出し 右拳で打つ

右足をかかとから右斜め前に踏み出し、右足に重心を移しながら、右ひじを軸に右拳を引き上げ、手の甲を前方に向けて打ち下ろします（裏拳で打ちます）。

4

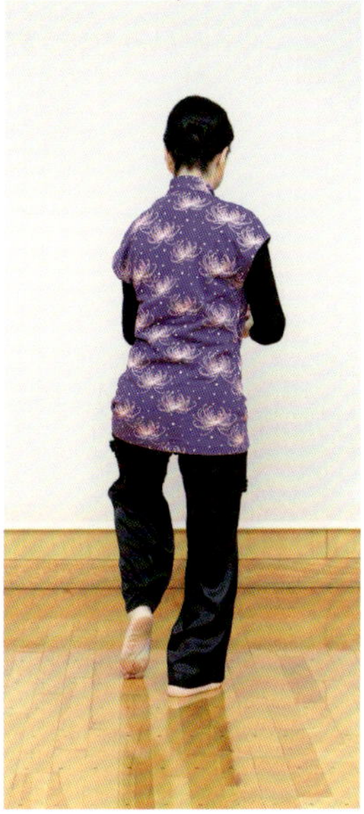

左足を寄せる

左足を寄せながら、左手は右拳に添えるような位置におきます。

5

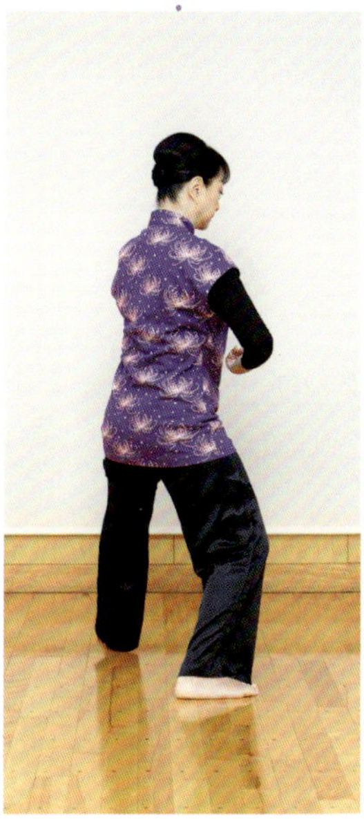

左足を踏み出し 左手を押し出す

左足をかかとから前に踏み出し、左手のひらを前に向けて押し出し、右拳は腰をやや右に回しながら腰の前に寄せて目線を向けます。

6

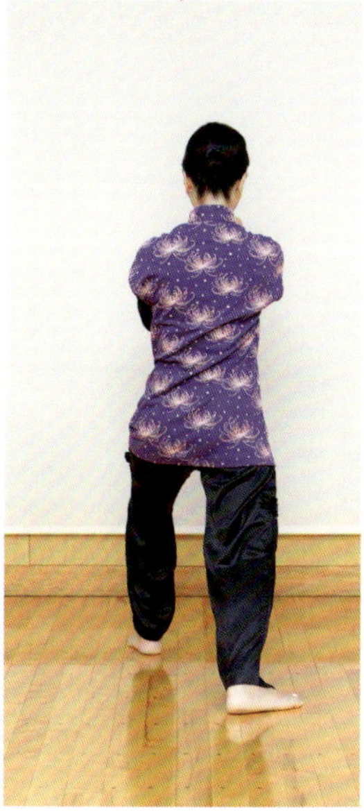

右拳を突き出し 左手を添える

腰を左に回して重心を左足に移しながら、右拳を立てて前に突き出し、左手のひらを右ひじの内側に添えます。

22

如《ルー》封《フォン》似《シー》閉《ビー》

相手の動きを封じる

ru feng shi bi

「封」「閉」は文字どおり封じる、閉めるの意。相手を払い、引き込んで落とし、前へ押し出して攻撃を封じます。

21 のラスト

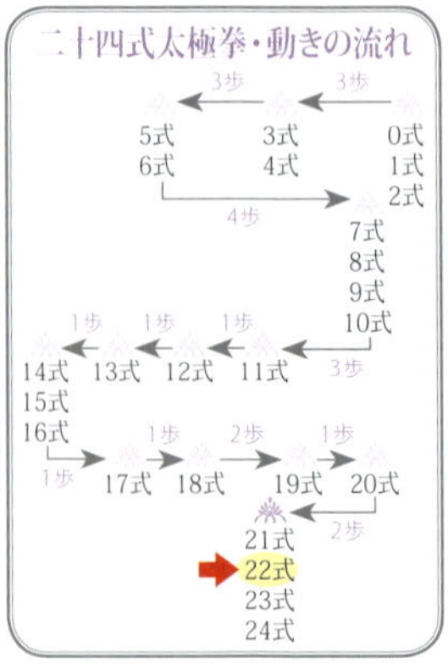

1

左手を右ひじの下へ

腰を右に回しながら、左手ひらを下に向けて右ひじの下に持っていきます。

2

右ひじをはらい両手を前へ

腰を左に回しながら、左手のひらを徐々に上に返して右ひじを外側から手先に向かって払い、両手のひらを上向きにして少し左右に開きます。

22 如封似閉

動きのポイント

股関節を使って（ゆるめて）2上体を前へ、3上体を後ろへ、4上体をやや落とし、5上体を前へ、と進めましょう。体の縦軸を崩さず、上半身と下半身の動きを調和させることが大切です。

3

両手を引く

右足に重心を移しながら左つま先を上げ、両手を胸の前に引き寄せます。

4

両手を下ろす

両手を下に向け、腰の前あたりまで下ろします。3、4では、上体を真正面に向けたり、右手を左手の真横に無理においたりしないようにしましょう。

5

両手を押し出す

左足に重心を移しながら両手のひらを前に向けて押し出していきます。

LESSON

12

稽古要諦

23 剛《ガン》柔《ロウ》相《シァン》済《ジ》

剛と柔が補い合っていること。柔があるから剛が活き、剛があるから柔になります。太極拳は剛にのみ頼ることなく、体のゆるみや、筋・骨格への力の伝達、剛なる相手との状況の見極めなどによって、剛と柔とのバランスをはかります。

24 手《ショウ》与《ユ》肩《イジェン》平《ピン》

手と肩が平らになること。例えば片手を耳の横から前へ押し出す動作などでは、肩に余分な力を入れず、ひじをやや垂らして、肩と手の高さが同じになるように意識します。姿勢全体が整うように、肩から手にかけてのバランスも正しく保てるようにしましょう。

24式太極拳

23式

十《シー》字《ズー》手《ショウ》

24式

収《ショウ》勢《シー》

shi zi shou

23 十《シー》字《ズー》手《ショウ》

手を十字に組む

00式の頭上で交差させた両手を下ろす「十字手」とは異なり、体の前で交差させた両手を上げていく十字手です。

22のラスト

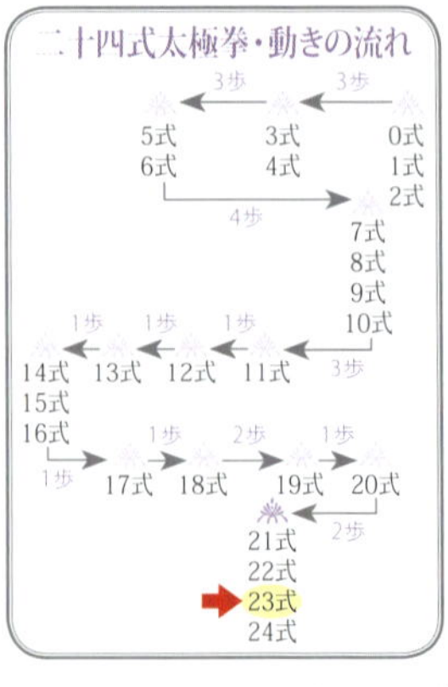

1

重心を右足に移す

重心を右足に移しながら、左足のかかとを軸に左つま先を内側に向け、体を右に回していきます。両手は自然に開いていきます。

2

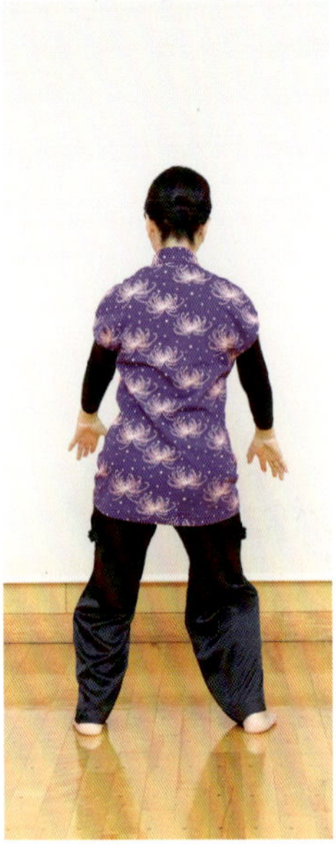

右足を寄せる

弧を描くように両手を腰の高さまで下ろしながら、右足を寄せます（肩幅くらいに開いた位置）。

3

両手を交差させ頭上に上げる

腰の前で左手を右手の上に交差させ、両手を交差させたまま頭上まで上げていきます。左手が内側、右手が外側になります。

動きのポイント

00式の十字手には「天地に挨拶をする」という意味合いがありますが、23式の十字手は「攻撃を防ぐ、払う」という武術的意味を持ちます。体の前面にスキをつくらないように意識して動いてみましょう。

24 収勢《シヨウシー》

納めの姿勢

shou shi

24式の最後の動きです。呼吸を整え、心を落ち着けます。

23のラスト

1

2

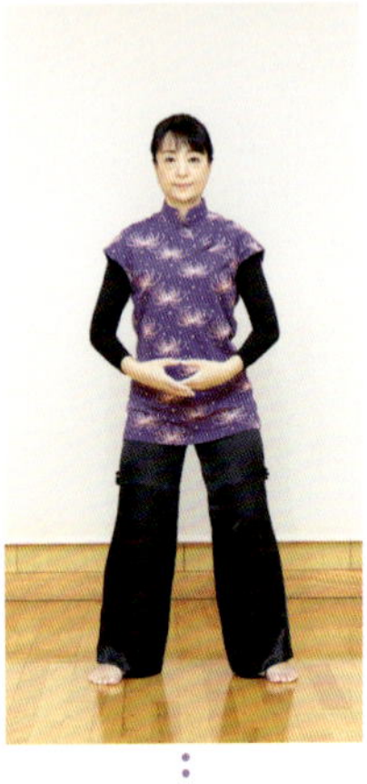

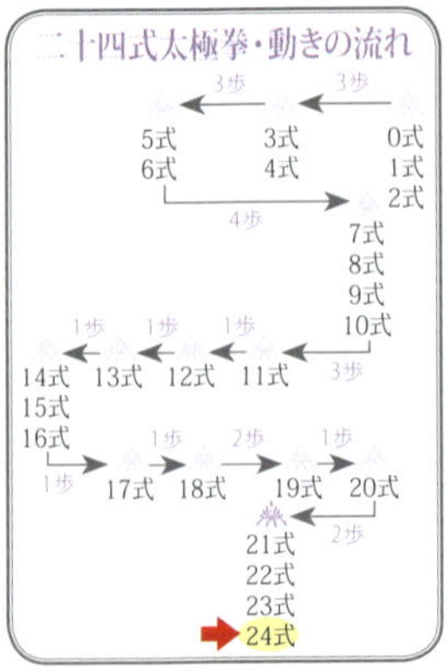

両手を離して下ろす

頭上で交差していた両手をほどき、左右に弧を描くように下ろしていきます。

両手を重ねる

お腹の前で右手の上に左手を重ね、左右の親指を軽くつけます。体と心が落ち着くまで深い呼吸を続けます。

動きのポイント

2では右手の上に左手を重ねます。十字手がそうであるように、心臓のある左側の手をつねに内側におきます。両手の円、両腕の円、自分を取り囲む円…同心円状の円の広がりをイメージしてみるのもいいでしょう。

3

両手を下ろし自然立ちになる

両手を両わきに自然に下ろし、自然立ちの姿勢になります。

4

足を閉じる

左足を寄せて、はじめの姿勢に戻ります。

太極拳24式の流れ

挨拶

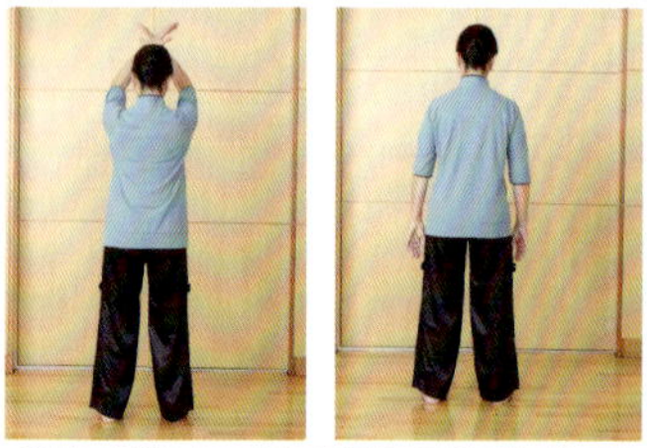

00 十字手

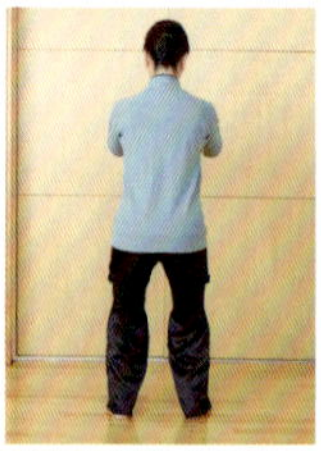

01 起勢

06 倒捲肱

07 左攬雀尾

11 単鞭

12 高探馬

13 右蹬脚

17 右下勢独立

18 左右穿梭

22 如封似閉

23 十字手

02 野馬分鬃

03 白鶴亮翅

04 摟膝拗歩

05 手揮琵琶

08 右攬雀尾

09 単鞭

10 雲手

14 双峰貫耳

15 転身左蹬脚

16 左下勢独立

19 海底針

20 閃通臂

21 転身搬攔捶

24 収勢

挨拶

Column 4

‘マタニティと太極拳’

楊玲奈(よう・れいな) 楊名寺太極拳師範

■第一段錦

イスに腰かけ、両手のひらを上に向けて軽く組みます。背骨をまっすぐに保ち、息を吸いながら両手を上げ、額の前方あたりで外側に返しながら頭上まで上げます。息を吐きながら、両手を左右に開いて下ろしましょう。

【効 果】

お腹が大きくなると胃が圧迫されて苦しさを感じ、食べられないという人も出てきます。両手を上に伸ばすことで、みぞおちあたりのつっかえた感じをほぐしてあげましょう。また、座っているときも反り返りやすいので、意識的に背筋を上にぐっと伸ばして姿勢を整える時間を持ちましょう。妊娠中や、出産後に赤ちゃんを抱くときの姿勢の安定につながります。

■騎馬立ち

両足を開いて立ちます。両手は親指を後ろ側にして、ももの上におき、背骨をまっすぐに保ちます。息を吐きながらゆっくり腰を落とし、息を吸いながらゆっくり腰を上げます。ひざは足先と同じ方向に向けて行いましょう。

【効 果】

腰を落とす「騎馬立ち」も、意識的に背骨をまっすぐに保つ機会を持つという点で特にお勧めです。また、太ももの大きな筋肉を鍛えることになり、効率よく運動量を得ることができます。お腹が大きくなれば、その分、負荷も増すので、より効果が高まります。つらく感じるときは、足幅を調整したり、腰の位置を高くしたりして、無理のない範囲で行いましょう。

■自然立ち

両足を肩幅くらいに開いて立ちます。ひざをゆるめ、肩の力を抜き、両腕を体のわきに垂らします。背骨をまっすぐに保ち、頭頂を天に向け、両足で床をしっかり踏んで、深くゆったりと呼吸しましょう。

【効 果】

お腹が大きくなると、バランスをとるために、体を後ろに反らせて日常動作を行いがちです。この姿勢では腰やひざに過剰な負担がかかり、痛みを感じやすくなります。「自然立ち」は体全体で自然にお腹を支えるような立ち方になるので、背骨の後傾からくる腰痛などの予防効果が期待できます。正しい姿勢で過ごすことの大切さをときどき思い出して、実行するといいでしょう。

八段錦や太極拳の動きや姿勢は、マタニティライフの〝フィットネス〟としても活用できます。
いつでも手軽に行えて効果の高い４つのポーズ（動き）を特に取り上げて紹介します。

太極拳は妊娠～出産の変化の中でも、それまでと変えることなくずっと続けられました。産院で渡されたテキストの最初に書かれていた妊娠中の立ち方は太極拳の姿勢や呼吸の通りだと感じましたし、ゆっくりとした動きと呼吸は、心身の変化がめまぐるしいときにも、気持ちを落ち着け体に向き合うとても良い習慣となりました。

大きくなっていくお腹や変化していく体のバランスを整えるためには、やはり基本的な姿勢が大切です。丹田を意識して立つ、騎馬立ちになる、背筋を伸ばす、片足立ちする、などシンプルな姿勢に取り組んでみてください。産後に崩れた体幹の意識を取り戻すのにも、また、赤ちゃんを抱っこするにも、これらの基本的な動作が役に立つと思います。太極拳をしている方は、産前産後も無理のないよういつものお稽古をずっと続けるといいと思います。今は小さな子に向き合う日々に、太極拳をすることが貴重なゆとりの時間になっています。

■独立歩

イスの背などに片手を添えます。丹田を意識し、息を吸いながら、反対側の足と手をゆっくりと上げます。足はひざや足先ではなく、股関節から動かすように意識すると体の軸が整いやすく、ぐらつきにくくなります。

【効　果】

呼吸しながら片足をゆっくり上げる動作は、丹田を意識することでうまくできるようになります。丹田が意識できると、「いま、自分の姿勢は崩れているな」と自覚しやすく、赤ちゃんを抱くときも無理のない姿勢がとりやすくなります。「独立歩」は出産後の不安定に感じられる体にとって「体幹をとらえ直す」のに役立ちますから、産前産後にこだわらず行うといいでしょう。

Eplogue
終わりに

日常の思いや雑事から離れて
太極拳を行うひとときは
気持ちをおおらかにし、
心にゆとりをもたらします。
あせる必要はありません。
その日のコンディションに合わせて
一つひとつ身につけるようなつもりで、
そしてなにより太極拳を楽しんで
長く続けられることを祈っています。

楊　慧

監修

Profile

楊　慧　Kei YO

NPO法人日本健康太極拳協会副理事長、楊名時太極拳師範、（有）楊名時太極拳事務所代表。
父である師家・楊名時に師事し、1980年より指導を開始。カルチャーセンター等で多くの人の指導にあたり、師範・準師範を対象とした講座も開催。テレビ、雑誌等のメディアを通じた太極拳の普及にも取り組む。

楊名時太極拳事務所
Tel：03-3259-8590
http://www.yo-meiji-taikyokuken.co.jp/

Profile

楊　玲奈　Reina YO

楊名時太極拳師範。祖父・楊名時、母・楊慧のもと幼少より太極拳や中国文化に親しむ。カルチャーセンター等での講座のほか、初心者向けのワークショップ開催など楊名時太極拳の次代を担う指導者として精力的に活動中。

佐藤佳代子

Kayoko SATO
楊名時太極拳師範

だれでもできる太極拳

TAI-CHI CHUAN
楊名時

2015年3月５日　初版第1刷発行
2024年1月20日　初版第4刷発行

著者　楊　慧
発行人　川崎深雪
発行所　株式会社　山と溪谷社
〒101-0051
東京都千代田区神田神保町1丁目105番地
https://www.yamakei.co.jp/

印刷・製本　大日本印刷株式会社

●乱丁・落丁、及び内容に関するお問合せ先
山と溪谷社自動応答サービス　TEL 03-6744-1900
受付時間／11：00～16：00（土日、祝日を除く）
メールもご利用ください。
【乱丁・落丁】service@yamakei.co.jp
【内容】info@yamakei.co.jp
●書店・取次様からのご注文先　山と溪谷社受注センター
TEL 048-458-3455　FAX 048-421-0513
●書店・取次様からのご注文以外のお問合せ先
eigyo@yamakei.co.jp

乱丁・落丁は小社送料負担でお取り換えいたします。

ISBN　978-4-635-03530-9

Producer　高倉 眞
Director　齋藤須美子（LUXE）
Photographer　田中庸介（AFRO）
Designer　松沢浩治（DUG HOUSE）
Proofreader　梁 成実
Hair & Make　梶田キョウコ（LES CINQ SENS）

Video camera　鈴木康聡
DVD Editer　久保年且
DVD Graphic　丸山大夢
DVD MA　鳥海彩乃（V VISION STUDIO）
Sound　古田能之（Raps Words）
DVD Press　Pico house

撮影協力　日本健康太極拳協会、楊名時太極拳事務所、精進湖キャンピングコテージ、西湖野鳥の森公園、ROUROU、CLASKA Gallery & Shop "DO"、東 美穂

DVD MENU ハイビジョン映像 100分

このDVDのメニューと使い方

このDVDでは、楊慧師範自ら二十四式太極拳を演舞し、詳しく解説しています。また楊玲奈師範が太極拳の基本の演舞と解説を行っています。正面、逆サイド、横、鏡を使う等、様々なアングルから撮影し、太極拳、八段錦を立体的にイメージできるようになっています。

●メインメニュー●

メインメニュー画面では、このDVDをどう観るかを選択します。

このDVDはDVD再生器にディスクを入れると自動的に再生します。再生が始まってからリモコンのメニューボタンを押すと、このメインメニューが出てきます。メインメニューでは、「全編再生」(すべてを最初から通して最後まで観る)か「チャプター」(チャプターを選択して、そこから観る)で再生方法を選択できます。さらに「1PLAY」と「REPEAT」を選択します。「1PLAY」は選んだところから最後までを連続して再生、「REPEAT」は選んだ項目が終わったら、その頭から何度も繰り返し再生します。

●チャプターメニュー●

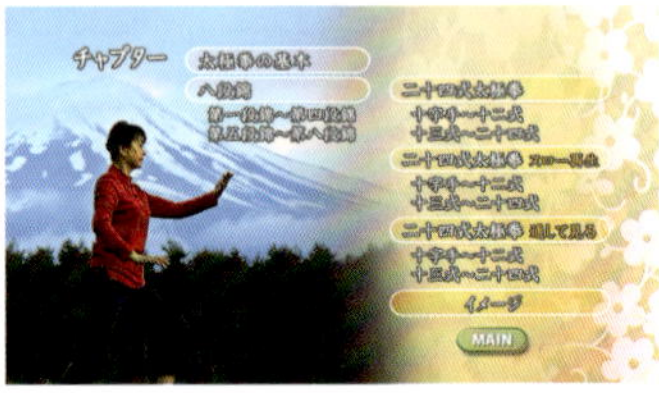

メインメニューで「CHAPTER」を選択すると、この画面に行きます。[二十四式太極拳]、「八段錦」、[イメージ]映像等を選択することができます。

チャプターメニュー画面では、[太極拳の基本]、[八段錦]、[二十四式太極拳]、[二十四式太極拳スロー再生]、[二十四式太極拳通して見る] [イメージ]の各項目に飛ぶことができます。「MAIN」を選択するとメインメニューに戻ります。

●メニュー●

メニュー画面の、チャプターを選択すると見たい映像が再生されます。

[八段錦]は正面から撮影されたものと横からでそれぞれチャプターが分かれています。[二十四式太極拳スロー再生]はナレーションで詳しく解説します。太極拳はそれぞれ24のチャプターに分かれているので、見たい演舞をすぐ見ることができます。

メニュー画面の「NEXT」を選択すると次の画面に移り、「BACK」を選択すると前の画面に戻ります。「MAIN」を選択するとメインメニューに、「CHAPTER」を選択するとチャプターメニューに戻ります。

●イメージ●

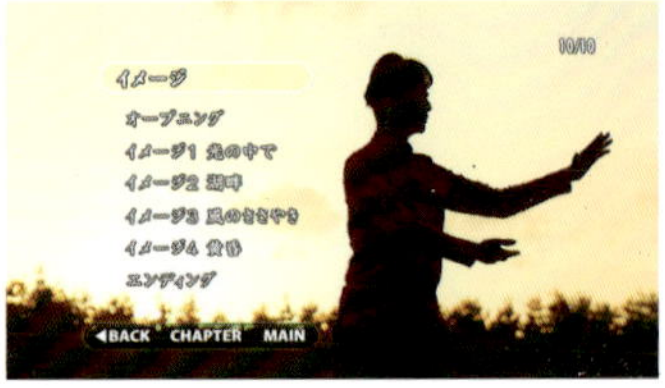

自然の中で撮影された太極拳の美しいイメージ映像をお楽しみください。

富士山麓で撮影された楊慧師範と楊玲奈師範の美しい演舞を見ることができます。自然と一体となった太極拳のイメージは見るだけで心を癒してくれます。[イメージ]のチャプター画面からはいっていくと、オープニングからエンディングまでのイメージ映像を通して見ることができます。

●リピート再生●

これは超実用的! 二十四式太極拳をリピート再生して練習すれば、短期間で型を覚えることができます。

八段錦、二十四式太極拳は一段、一式ごとにチャプター分けされていますから、この「リピート再生」を活用すると、ひとつの型を何度でも繰り返し再生することができます。動きのイメージをつかむのに最適ですから、効率よく練習ができます。

そのほかの項目、イメージ映像もメインメニューで「REPEAT」が選択されていると、そのシーンだけを何度も繰り返し再生します。

【DVD使用上の注意】
☆DVDは映像と音声を高密度に記録したディスクです。DVD対応プレーヤーで再生してください(パソコンでは再生できないことがあります)。
☆このディスクの映像、音声などすべての権利は著作権者が所有しています。家庭内鑑賞を目的に使用してください。
書面による許可なく、それ以外の使用(中古品として流通させる)や、複製(ダビング)、上映、放映、放送(有線・無線)、改編、インターネットによる公衆送信、レンタルなどをすることは禁止されています。

16:9 LB　ALL NTSC　COLOR/MPEG-2/DB20